中华先烈人物故事汇

贺锦斋

军事科学院解放军党史军史研究中心

学习出版社

中华先烈人物故事汇《贺锦斋》编委会

主　任：陈传刚

副主任：陈秋波　曲宝林　周　鑫

编　委：郭　芳　褚　杨　王　冬
　　　　王　雷　陈永红　刘向东

主　编：陈秋波

副主编：王　雷

编　著：赵真燕

目 录

Contents

引　子

一位英年早逝的才俊，一颗过早陨落的将星。他是开国元帅贺龙的堂弟贺锦斋，1901年2月4日出生，受父亲的教诲和家乡“歌海”风俗的影响，从小爱读书，爱唱歌，会写诗。18岁时说服家人，决心跟随贺龙出来闹革命。离家前，家里唯一的要求是把婚结了。

妻子叫戴桂香，他们青梅竹马，情投意合，新婚不到1个月，贺锦斋就离开家乡，踏上了革命的征程。这一走就是10年。在这10年中，贺锦斋跟着贺龙东征西讨，立下了赫赫战功。他22岁当排长，23岁当营长，24岁当团长，25岁当旅长。1927年6月，第二次北伐胜利后，荣升为国民革命军第20军第1师师长，随后参加南昌起义，是起义部队的主力师之一。战斗中，贺锦斋身先士卒，带领部队攻占了国民党第五路军总指挥部，全歼守敌，把红旗插上了南昌城头。

由于敌我力量悬殊，起义部队主动撤出了南昌城，在前往广东东江的途中，遭到国民党反动军队的围追堵截。部队失利后，贺锦斋来到上海寻找地下党组织，并加入了中国共产党，随后被派往荆江地区领导农民开展武装斗争。

1928 年 3 月，贺锦斋随贺龙回到家乡，开创湘西北革命根据地，成立工农革命军，领导桑植起义。他带领乡亲打土豪、分田地，动员民众参加红军，同国民党反动派作斗争。他把党的政策主张和家乡男儿参加革命、家乡妇女忠贞守望的情景，编写成脍炙人口的民歌进行宣传，其中《马桑树儿搭灯台》在当地广为传唱。

1928 年 7 月初，工农革命军正式改编为中国工农革命军第 4 军（称红 4 军），贺龙任军长，贺锦斋任第 1 师师长。8 月 20 日，中共湖南省委和中共湘西特委命令红 4 军，前往石门县配合石门、临澧、澧县、桃源地区的革命斗争。此时，石门敌军环伺，石门县党组织遭到严重破坏，刚建立起来的根据地也在敌人的围攻下已经失败，红 4 军陷入四面受敌的孤立之中。

9 月 8 日晚，红 4 军在泥沙镇遭到强敌的包围和袭击，贺锦斋主动请求掩护部队突围。他率领警卫营和手枪连奋勇拼杀，与敌激战 4 个多小时。战至 9 日拂晓，贺龙及军部已安全脱离危险，贺锦斋正准备带领警卫营向丝茅岭方向撤退时，突然，一排子弹从侧面的茶树丛中飞来，击中了贺锦斋的头部，他顿时倒地，壮烈牺牲，年仅 27 岁。

贺锦斋牺牲后，妻子戴桂香把他埋在了离家不远的地方，为的是开门就能看得见。她几乎每天都要去坟前坐一坐，每去一回，她都要摘几片马桑树和灯台树的叶子带回家。公公婆婆实在不忍心看到年轻的桂香总这样孤身一人守寡下去，多次劝说她改嫁，桂香总是婉言拒绝。新中国成立后，戴桂香全身心投入教育下一代的事业中，讲诵革命故事，教唱传统民歌。组织上安排戴桂香去“光荣院”颐养天年，孑然一人的她只是同意将自己的名字列入名册，人还住在抬头就能望见贺锦斋坟墓的老屋里。

1995 年，93 岁的戴桂香寂然离世，人们在她家里发现两只木箱子，里面是满满的马桑树和灯台树的叶子。一个只和丈夫生活了不到4个月的新婚妻子，却为他守寡67年。在桑植县，何止戴桂香一人在守望着丈夫的归来？仅贺氏家族中就有72位守望女没有等到丈夫和儿子的归来，直到她们生命最后的一刻。

据统计，从北伐革命到全国胜利，贺氏宗亲英勇献身的烈士多达2050人，其中贺氏本家就有109人。当年不到10万人的桑植县，投身革命的就有近5万人，他们大部分没有等到革命的胜利，牺牲在了祖国的大好河山之间，化作了一捧春泥。

马桑树儿搭灯台，写封书信与姐带。多少等待，成了阴阳两隔的思念；多少相思，化作马革裹尸的泪海。生活在今天的我们应该知道，眼前的这片红色江山是何等的来之不易！我们要始终不忘初心、牢记使命，继承革命先烈遗志，在各自不同的岗位上，完成好应尽的职责，履行好时代赋予的历史使命，让革命事业薪火相传，让红色江山如先辈所愿，永不褪色、万古长青！

01 歌乡才俊

“歌海”乡的能歌少年

湖南省桑植县县城，坐落在群山峻岭之中，城周围山岗高耸，险关隘口众多，有朱雀关、玉马关、紫金关、五龙关等，因而，素有“山国”之称。距县城北部13公里有一块河谷盆地，盆地里有个古老的村镇叫洪家关，村里村外青松翠竹掩映，远远看去，就像一颗绿色的明珠镶嵌在那里。天龙溪、玉泉溪、鱼鳞溪3条清澈的溪水绕村而过，5条山脉汇集在此，恰似5个龙头张口戏珠，人称“五龙捧圣之地”。洪家关确实是个好地方，山清水秀，人杰地灵，历史上曾出过许多名门望族和英雄豪杰。

1901年2月4日，正值农历腊月十六，洪家关几百户人家，家家户户都在为准备过新年而忙碌。村里的私塾先生贺士奎，也是不停地忙着备年货，还迫切地盼望着即将临产的堂客为贺家生一个传承香火的儿子。午后，几声婴儿的啼哭，打破了这紧张而欢快的气氛，接生婆笑吟吟地走出房门道喜说：“贺先生，恭喜您了，是个男娃！”贺士奎一听，立刻笑逐颜开，连忙拿出礼物酬谢接生婆。

儿子的降生，为这个新年增添了更多的喜庆，一家人沉浸在幸福的喜悦之中。母亲望着这可爱的儿子，跟贺士奎说：“快给儿子取个名字吧。”贺士奎若有所思：“虽是腊月，但今日正好立春，就叫春生吧。”按照贺氏辈分，春生属“文”字辈，于是，就取大名贺文绣。等到上学时，父亲再为他改名贺锦斋。

贺家在当地是个有名望的大家族，祖辈于清朝康熙年间从军由鄂入湘，先是在慈利九溪落户，后迁到桑植洪家关。贺氏家族的族规和家训很注重仁义礼智信，讲究“耕读为本，忠孝传家”，男女老幼习文修武，本领为先，进则为仕，退可耕田。

贺锦斋的曾祖贺廷璧，自幼武艺高强，有

胆有识，对清政府的腐败深为不满。咸丰四年（1854年），太平天国起义军由粤入湘，攻取常德，震撼湘西。贺廷璧趁势揭竿而起，率人攻入县城，活捉知县。次年，清政府派兵镇压，起义失败，30余人被清政府秋斩。临刑前，贺廷璧的妻子刘氏奋勇奔上刑场，双膝跪地，撩起衣襟，接住丈夫的头颅，不让人头落地，以示后继有人。“贺廷璧反清造反、刘氏仗义兜头”的故事在湘西一带广为流传。

贺锦斋的父亲贺士奎，是清末的一名秀才，擅长书法，会作诗词，写得一手好文章。虽然他满腹经纶，却清高自守、生性耿介。眼见仕途无望，不得不以塾师为业，在家族内培养人才。

贺锦斋的叔父贺士道，是有名的裁缝，为人仗义，对子女的教育和影响很大，尤其是四子贺文常（后来改名贺龙），练有一身好武艺，能文能武、疾恶如仇，他看不惯社会的不公，不愿忍受黑暗势力的欺压，经常利用各种机会与欺压穷苦百姓的丑恶现象作斗争。20岁时，组织和发动了“两把菜刀闹革命”的农民武装斗争，成为当地叱咤风云的人物。

贺锦斋从小就喜欢跟着比他大 5 岁的文常哥练武和玩耍，不到读书年龄就跟着文常哥到学堂去念书。他酷爱读书，而且记忆力超群，读过的书过目不忘。父亲第一次教他读《幼学琼林》时，不一会儿就背得滚瓜烂熟。6 岁进学堂，学了不到 3 年，就能背诵许多诗词和文章。

桑植素有“歌海”之称，每逢传统节日，村村都有摆歌台、唱花灯的传统。这是贺锦斋最开心的时候，他总喜欢挤在人群中听唱歌、记调子，有时也学着歌手的样子比试比试。尽日耳濡目染，贺锦斋不到 10 岁，就能根据自己所见所闻，编唱一些动听的山歌，有时还邀些同龄人走村串寨打莲花闹，和村里的青少年扮成旦角和丑角演唱花灯。他编出的民歌小调和自编自演的节目，深受人们的喜爱和欢迎。

但在腐败政府的统治和黑暗势力的欺压下，桑植县和全国一样，善良的人民生活得异常艰难。1911 年，孙中山领导的辛亥革命推翻了清朝政府，建立了中华民国，革命胜利的果实很快就被窃国大盗袁世凯篡夺。1915 年 5 月，袁世凯为了称帝，公然接受日本政府提出的旨在灭亡中国的“二十一条”，这丧权辱国的条约，激起了举国上下各界人士的愤怒声讨。孙中山和中华革命党发表了《讨袁宣言》，联络各地革命力量举行武装起义。为配合“讨袁护国”，贺锦斋的堂哥贺龙紧跟全国革命潮流，公开向当地黑暗势力发起了宣战。

1916 年 3 月 16 日，贺龙率领洪家关的 20 多名青年农民，带着火枪、马刀和菜刀，连夜直奔穷凶极恶、如狼似虎、对老百姓搜刮无度的芭茅溪盐局，打死了盐局头目和税警队队长姜玉清，缴获了 12 支毛瑟枪。他们打开仓库，把财物和盐巴分给群众。随即召开“桑植讨袁民军成立大会”，贺龙被推举为桑植讨袁民军总指挥。贺龙带领讨袁民军乘胜追击，攻进桑植县城，杀了城内的头号恶霸朱海珊。一时间，贺龙拉起的这支农民武装，所向披靡，声威大振。

贺锦斋对贺龙的革命行为十分钦佩，多次要求参加这场声势浩大的武装斗争，只因年纪太小，家里又极力阻止不让去，他只好作罢。但他从贺龙的身上仿佛看到了曾祖贺廷璧的影子。于是，抑制不住内心的激动，编写了一首热情洋溢的小调：

桑植有个贺文常，
不怕虎豹与豺狼。
星夜奔赴芭茅溪，
两把菜刀打胜仗。

他编写的小调，先是在同学中传唱，很快就在当地流传开来。

不久，贺龙的革命行动引起了反动派的恐慌和仇恨，官府勾结地主豪绅开始疯狂报复。他们一面派兵“围剿”革命分子，一面到洪家关捕人，凡是姓贺的都受到牵连。为了躲避追捕，贺锦斋无奈外出谋生。

心酸的学徒工

1916 年的春夏之交，桑植县发生了几十年不遇的洪涝灾害，许多农田被流沙淹没，不少房屋被大水冲毁，老百姓更加饥寒交迫、流离失所。天灾可救，人祸难防。官府逼得贺家人东躲西藏。贺锦斋感到在洪家关实在待不下去了，就和父母亲商量，决定出去闯荡闯荡。一来长长见识，二来可以谋条生路，给家里减轻些负担。

贺士奎虽然心疼儿子，但让儿子出门历练历练，找条出路也好。只是母亲不太放心，不断地嘱咐说："如今世道不太平，到处都是恶霸和土匪，出门可要小心，做事千万不能鲁莽。"

向何处去？贺锦斋漫无目的地沿着澧水而上，这里正是湘鄂川黔边界贩运茶叶、药材、盐巴、桐油等各种土特产的交通要道。他一边走一边观察与他同样背井离乡的农民，还有那些骨瘦如柴的脚夫。一张张蜡黄的面孔，一双双木讷的眼睛，他心想：天底下的穷人是多么的苦啊，他们成年累月累死累活，到头来还是食不果腹、衣不遮体。这世道太不公平了！

贺锦斋一直走到下午才停下来，他实在走不动了，又饥又渴，脚上还起了大血泡，血泡磨破后流出的血水染红了布鞋，双脚火辣辣的疼痛。他坐在澧水河边，心情沉重地望着奔腾的澧水，不由得悲愤地哼唱起小调来：

两眼望着澧源水，
流的穷人血和泪！
请问澧水快回答，
穷人到底有何罪？

正在这时，河边走来几个挑担子的山货客，他们听了这位少年忧伤的唱词，撂下担子惊奇地问道：“小伙子，看不出来，你小小年纪还挺有才气，是不是有什么辛酸事？”

贺锦斋见他们都是跟自己一样的穷苦人，这么热心地关心自己，因不便说出自己家里的遭遇，就指着鞋上的血迹说：“你们看我的脚都磨破了，脚板痛，肚子也饿扁了，日子怎么这么难啊！”

山货客看他机灵又可怜，就从担子里取出几个苞谷粑粑递给他说：“小小年纪，出门真不容易，先把粑粑吃了，吃了后跟我们走，我们给你介绍活路做。”

贺锦斋心想，出门就遇到了好人，真是天下穷人相怜惜啊！他拿着苞谷粑粑，边走边啃，跟着山货客来到一个叫仓关峪的集镇，镇上有 100 多户人家，大都是做生意的。

他们走到一家山货铺放下挑子。老板笑嘻嘻地出来打着招呼。老板名叫饶茂春，是镇上有名的大户，经营桐油、生漆、药材、茶叶等，货源足，盈利大，生意红火。山货客交完货，然后对老板说：“饶老板，你不是要招徒弟吗？”

脸上蓄着三绺胡子的饶茂春端坐在铺台子旁边，左手端着光亮的铜水烟袋，右手捏着冒烟的纸媒子，故作热情地答道：“是呀，不过总找不到合适的。你们常在外面收山货，给我物色一个嘛。”

“你看这个小后生怎么样？他识字，山歌还唱得特别好。”山货客指着贺锦斋说。

饶茂春眯缝着眼睛，对着白白净净的贺锦斋仔细地看了一阵，嘴角上露出一丝嘲弄的笑意，说：“人长得斯斯文文的，像个书生，一看就是手无缚鸡之力，也不知道手脚干净不？”

贺锦斋听了这话，像是被人抽了一耳光，脸顿时涨得通红。他感觉自己受到极大的侮辱，忙辩解说：“你怎么能随便小瞧人，我还不一定跟你干呢。就是到外面饿死，也不吃你这碗下贱饭。”说罢就急忙转身往外走。

饶茂春放下水烟袋，大声说道：“哟嗬，蛮有性子的嘛。别走了，就在我家干吧，包吃包住，不会亏待你的。”

山货客也在旁边劝贺锦斋：“嗨，这兵荒马乱的年月，有碗饭吃就不错了，你还要到哪里去找哦？”

贺锦斋在这举目无亲的偏远小镇，感到自己实在是走投无路，便只好留了下来。

学徒的活计并不是那么好干的。说是学徒，实际上是做杂工。白天，要烧火做饭、推磨、喂猪、带小孩，累得筋疲力尽，吃的却是残汤剩饭。尤其是老板娘不好侍候，给她带小孩、洗尿片，稍不顺心就要挨打受骂。晚上，睡在仓库的木楼子上替老板看守山货，盖的是一床又破又烂的被子，冬天的夜里冻得瑟瑟发抖。时间一长，贺锦斋有些厌倦了。他不由得想念起家来，想念起爹和娘，不知他们的身体怎么样，想念起堂哥贺文常来，他偶尔也能从山货客那里听到一些关于贺龙打仗的消息，他是多么向往能和文常哥带领部队一起打仗啊。贺锦斋望着外面清凉的月色，想着自己牛马般的生活，心里十分忧伤。这苦日子什么时候才是个头呢？他越想越辛酸，情不自禁地低声唱起山歌来：

我当学徒真心寒，
夜夜睡的硬床板。
身上穿的破巾巾，
餐餐吃的冷剩饭。

一遇不开心或受到老板欺辱时，贺锦斋就这样唱着，以排解心中的不快，歌声凄凉而悲愤。开始并没有引起老板的注意，后来老板听出来了味道。一天晚上，贺锦斋正轻轻地唱着歌，老板突然来到楼上，手里拿着手指般粗的竹条子，恶狠狠地骂道：“我一天三餐没少给你吃，你还唱这样刻薄的山歌子来挖苦老子！”老板一边骂一边不停地抽打他："你再这样唱，就给老子滚出去。"

为了混口饭吃，贺锦斋只好忍下了这口气。

贺锦斋挨打骂，不仅是因为他用山歌控诉老板的虐待，还由于他向顾客泄露了老板用非法手段牟取暴利的奸诈行径。老板有一杆专门用于收山货的大秤，100 斤东西用这杆秤一称，就要少好几斤。有一次，几位山货客到店里来送货，老板又把那杆大秤拿出来用，贺锦斋非常气愤，便把这个秘密悄悄地告诉了山货客。于是，山货客们联合起来同老板讲理，弄得老板下不了台，很是窝火。事后，老板知道这是贺锦斋干的"好事"，于是，又用南竹条子把他狠狠地揍了一顿。

这样的苦日子贺锦斋熬了近 3 年。随着年龄的增长，力气的增大，他不能再这样忍受下去了，决定离开这个山货店，另找出路。

1919 年 6 月的一天，贺锦斋从山货客那里听到消息，说是贺龙率部返回桑植了。这让他激动不已，他真想插上翅膀立刻飞回桑植，跟文常哥哥一起去闹革命。他赶紧将自己的衣服收拾好，捆在一个小包袱里，对老板说："我在你铺子里干了将近

3 年，没过一天好日子，对不起，我今天要走了。”

“走？你往哪里去？”老板很惊愕。

“找贺龙去！”贺锦斋理直气壮地回答。

老板一听要去找贺龙，立马脸色变得温和起来，好像要送走亲戚一样，又是挽留，又是送礼，亲热得不得了。贺锦斋没理他这一套，背起小包袱，昂首走出了山货铺。

滔滔澧水，奔流不息。贺锦斋像飞出牢笼的小鸟，呼吸着山林里自由清新的空气。他身轻如燕，踏着坎坷不平的山路，沿着澧水向洪家关走去。3 年的学徒生活，使他懂得了人世间穷人的辛酸、富人的狠毒。他有时候也想到要铲除这种不平，但又毫无办法。现在好了，贺龙带着队伍回来了，穷人有活路了。想到这些，他不由得加快了脚步。

02 革命征程

跟着贺龙闹革命

贺锦斋回到家中，最高兴的莫过于父亲贺士奎和母亲，他们看着儿子又高又壮的样子，终于看到生活的希望。贺锦斋已年满 18 岁，俨然是一个真正的男子汉了。

晚饭后，一家人坐在门前的场院里，一边纳着凉，一边叙说着在外当学徒的情况和离开家乡后的情景。仅仅 3 年，洪家关显得满目凄凉，村里到处是残垣断壁，瓦砾灰烬。许多乡亲东逃西散，远走他乡。一些硬着头皮留在村里的人，也被反动当局和地方豪绅整得九死一生。

父亲说："这几年，贺家有 30 多口人遇难，受害者牵涉48家。一位远房的嫂子，原以为自己是一个妇道人家，留在村里没有走，也被反动派抓去，在她身上砍了六七刀，然后丢在了水田里……”

听到这些，贺锦斋感到义愤填膺。他对父亲和母亲说：“我这次回来，就是想跟着堂哥文常去闹革命，消灭这些狗豺狼，为乡亲们报仇！”

母亲望了望丈夫，又看了看贺锦斋，说道：“唉！这兵马荒乱的世道，你一去什么时候才能回来呀！你要想去当兵，得先把婚结了，桂香可是十里八乡也难找的好姑娘哟！”

父亲也劝他成亲后再走，贺锦斋也只好同意了。于是，全家人开始紧张地忙碌他结婚的事。

戴桂香是洪家关附近乡村的一个农家姑娘，比贺锦斋小两岁。父亲戴荣与贺士奎交好，从小为儿女订下了这门亲事。两人又自幼在同一私塾读书，青梅竹马，志趣相投，感情甚笃。桑植的好山好水，使得十几岁的戴桂香出落得俊俏大方，水灵俊秀，是个出众的大美女。这时的贺锦斋，也成长得英俊潇洒，一表人才。

1919年8月，双方父母选定了个吉日，按当地乡村的风俗，让18岁的贺锦斋与16岁的戴桂香喜结连理。众人纷纷称赞，真是郎才女貌，天生的一对，地配的一双。

拜堂成亲那天，正在桑植县城驻防的贺龙特地赶了回来。一进门就笑着大声说道："我来看看兄弟媳妇长得乖不乖。"然后当着众人的面夸道："哟，长得嫩生生的。"羞得戴桂香勾起脑壳，躲进新房里去了。

结婚之后，小两口如胶似漆，过得幸福无比。但在那黑暗势力当道的年代，小家庭生活怎么能过得安好呢？特别是洪家关一带，反动派把这里看成是贺龙聚众造反的"匪窝"，官兵窜扰，地痞横行，今天烧房子，明天抓壮丁，弄得鸡犬不宁、民不聊生。看到这种残酷的现实，贺锦斋怀着无比悲愤的心情，写下了一首诗：

到底何处可藏身？
恨天无梯地无穴！
心中忍受千般苦，

面面相对只悲咽。

……

他感到不能这样在家里待下去了，必须找文常哥哥去。可是，又如何向新婚不到一个月的妻子说呢？一天，贺锦斋忧心忡忡地对妻子说：“桂香，眼下世道太不公平，穷人的日子太难熬，穷人的性命太不值钱，这样下去永无出头之日。我们必须起来造反！现在就好比背上被人踏了一只脚，如果不去反抗把这只脚掀开，就永远伸不起腰来。我要跟文常哥去闹革命，只有这样才能更好地保护你们，保护穷苦人啊！”

戴桂香一听有些慌了，连忙说道：“你走了，我依靠谁呢？”边说边拉着贺锦斋的衣角哭了起来。

贺锦斋哄笑着说：“我又不是去了就不回来，等我把那些专门压迫穷人的人都消灭光了，就回来陪你一起安心地过好日子多好啊。”桂香是个明事理的人，虽然舍不得心爱的丈夫离开，但知道丈夫是要做大事的人。经他这么一说，又立即破涕为笑。温柔地说道:“无论你走多远，走多久，我都等你回来!”

贺锦斋踏上革命的征程，对自己所从事的事业充满了信心，并抱定不惜流血牺牲的坚定决心。为了表达自己跟着堂兄干革命的决心，他写了一首题为《刀剑丛中》的七言诗明志:

黑夜茫茫风雨狂，
跟随常兄赴疆场。
流血身死何所惧，
刀剑丛中斩豺狼!

贺锦斋到了部队后，被安排在基层的连队参加训练。这里虽然艰苦，但比在山货店好多了，不受人欺负，不用担惊受怕，跟年龄相差不多的士兵们在一起训练、站哨、勤务非常快乐。他喜欢部队里紧张严格的生活，除了积极参加军事操练外，空余时间，还喜欢找些书报来看，有时还根据自己的领悟写些诗文。这在大多目不识丁的士兵中显得特别突出。

贺龙发现堂弟如此勤奋学习，心里十分高兴。他少年辍学，深知缺少文化之苦，决定给贺锦斋创造学习深造的机会。

1921 年 5 月的一天，他把贺锦斋叫到跟前问道：“你想不想去读书？”

“当然想啊！”贺锦斋兴奋地回答。

当时，长沙开办了一所武备学堂，专门培训年轻军官。贺龙通过一个朋友为贺锦斋作保荐，送他去武备学堂学习。临走时，贺龙语重心长地对他说：“我们要为穷人打天下，没有本事不行。你到省城后，要好好学习，不要忘了自己是穷苦人家出身的孩子。”

贺锦斋点了点头说：“常哥放心，你的话，我记在心上了。”

得到贺龙的资助，贺锦斋特地做了件长衫，把自己打扮成青年学生的模样，然后肩背行李，手拿油伞，翻山越岭，赶往省城长沙。

经过几天的长途跋涉，贺锦斋赶到长沙找到学堂的地址时，只见门口挂着一块告示牌子：“由于时局动乱，学校停办。”他心里顿时凉了半截，向守门的老大爷打听道：“大爷，这学堂为什么要停办？”

大爷睁大眼睛，摇着头说：“我也说不清，我只晓得天天打仗，打来打去，把个长沙闹得鸡犬不宁，哪里还能办学堂？”

贺锦斋的心里沉甸甸的，拖着沉重的脚步，往旅馆走去。他一边走一边想：下一步该怎么办呢？旅馆里有个好心的旅客见他心事重重、愁眉苦脸的，便问道：“年轻人，你是碰到了什么不愉快的事吗？”

贺锦斋把打老远来投学，又遇到武备学堂停办，上不成学的事告诉了他。好心的旅客说：“武备学堂停办了，你还可以报考其他的学堂嘛！”

于是，贺锦斋继续打听是否还有招考的其他学堂，结果都令他失望。一是有几所学校虽然招生，但都要经过考试才能入学，他这个只读了几年私塾的乡村青年是否能考得上呢？二是听说有的学校需要有人保荐才可以入学，他在长沙举目无亲，谁会保荐他呢？更使他不满意的是，这些学校都不是学军事的，与贺龙派他来长沙求学的目的不符。

他想来想去，认为武备学堂进不成，还不如回去跟贺龙扛枪为好。

贺锦斋这次来长沙，虽没有上成学，一路也增长了不少见识。他在街头听过进步人士的演讲，阅读到许多进步的书刊，接触到过去闻所未闻的新思想，还看到不少新事物。省城虽好，但不能久留，他心里时刻想念着部队。于是，便决定赶快回桑植。

这年 10 月，当贺锦斋回到桑植时，贺龙的部队早已开到了沅陵，他又转身去了沅陵。见到贺龙时，他把在长沙的情况向贺龙作了汇报。

贺龙听后笑了笑说："你这次虽然没能进学堂，增长了一些见识也是好的嘛，以后就在部队里干吧！"

贺龙见锦斋能吃得苦，做事认真，还有文化，人也机灵，就把他调到身边当卫士。果然不负哥哥所望，他每件事情都做得有板有眼，遇到困难肯动脑筋想办法，行军从不叫苦，打起仗来也很勇敢，深受大家的称赞。不久，贺龙又让他到连队去当司务长。贺锦斋觉得自己来部队时间不长就当司务长，怕不合适，于是对贺龙说：“我的资历浅，也没有这方面的经验，恐怕不能服众吧。”

贺龙笑着说：“没有人天生就有经验的，每个人都需要经历一些事情，积累经验，修炼成长。你有文化，会算账、能记账，我认为你的能力足够胜任司务长这个职务。就是有的事情不会，可以学嘛，只要好好干，就没有干不成的事。关键一条，军纪要严，对自己也要严。凡是骚扰百姓、不听管教者，一定要坚决处置，绝不能姑息迁就。”

贺龙对部队的纪律要求非常严厉，他领导的队伍无论是进驻城镇，还是转入乡村，对老百姓都秋毫无犯，所到之处，都受到老百姓的拥戴和欢迎，这与欺压百姓的反动军阀部队形成了鲜明的对照。贺锦斋接任司务长的工作后，不但用这些纪律来严格要求自己，从不搞特殊化，不占公家的半点便宜，对部属也是如此要求。

部队驻扎桃源时，有一次，给养员在街上买了两担鲜藕回来，并向贺锦斋“交清”了账，给养员没等他询问细节，就匆忙离开了。贺锦斋忽然觉得哪里有些不对，却又说不上来。过了几天，两个年迈的老人来到部队，怯生生地说是来要藕钱的。贺锦斋走上前去，和气地说道：“老人家，不要着急，慢慢地说。我们采购瓜果蔬菜都是当场结账，从不赊欠一分钱的呀，说说是怎么回事？”

老人用衣袖擦拭着眼泪，结结巴巴地说：“长官，我……我们也是没办法呀，一家老小还等着卖藕的钱过日子呢！那天来了一个长官买了两担藕，说是两天后再来付钱，我们看他是长官，也不好拒绝，心想着他一定会来付钱的，可……可过了这么多天了，他还没来付钱，我们是没办法，这才来找你们的呀。”

贺锦斋问：“你们是否还记得那人长什么样？”老人一边说一边用手比画着那人的模样。贺锦斋知道是谁了，连忙叫人把给养员找来问清情况。

给养员战战兢兢地跑来，扑通一声跪在贺锦斋面前，哭着说：“司务长，我知错了，求您原谅我一次，我马上想办法把藕钱补上。”原来，菜钱被给养员邀几个朋友进馆子吃光了。贺锦斋十分生气，严厉地批评道：“你看，老人家这么大的年纪了，一年到头种点藕多么不容易呀。我们是革命的队伍，要爱护百姓，更不能拿了百姓东西不给钱。我们有明确的纪律规定，你这是严重违反纪律的行为。”说着，他拿出钱袋，将菜钱付给了老人，还让给养员当面给老人赔礼，并要求他亲自把老人送回家。

事后，贺锦斋不仅严厉地处罚了这个给养员，还以此来教育部队；同时，因为自己没能管理好队伍，主动地向贺龙请求处分。

能文能武节节升

贺锦斋走进了军营，如鱼得水，很快显示出他在管理和组织指挥方面的才能。平时，他和其他士兵一样，经常背着背包和枪支弹药行军打仗，东奔西走。但他又和其他士兵不一样，背的背包总比别人的要大一些、重一些，里面经常装着好几本书，一到宿营地或休息时，他就拿出来读一读。

有一次，连长看到他带这么多书，非常生气

地说："一个当兵的人，生活在枪林弹雨中，吃了早饭，还不晓得能不能吃晚饭呢，背这些东西干啥用？还不如多背点子弹，好消灭敌人。"

贺锦斋听后诚恳地说道："当兵的人，爱枪、打仗是本分，但爱书也是一件好事呀。这里面有许多打仗的道道呢！多学一点，打起仗来，才有胜利的把握！我宁可辛苦一点，也不能把这些'宝贝'扔掉呀。"

连长觉得他说得很有道理，同时也被贺锦斋的这种勤奋好学精神所感动。从此以后，不但支持他带书，甚至有时还帮他找书，一有时间，还请他讲讲书里的故事听。不久，贺锦斋被提升为排长。

当了排长，他深知不光是自己要做好，更重要的是要把几十人带好。贺锦斋除了和士兵们一起搞训练，生活上和士兵们同甘共苦，还特别关心他们的思想情况和家庭情况，用浅显的道理，帮助他们提高为谁当兵、为谁打仗的认识，用身边的事，揭露国民党反动派、军阀、恶霸残害人民，欺压百姓的罪行。贺锦斋视士兵如兄弟，谁生病了，他都帮助端水拿药；谁家有困难，他就用自己的钱补贴谁。他带的这个排团结好，士气高昂，战斗力也很强，每次作战都打得十分出色，被大家誉为“小老虎排”。

贺锦斋会带兵，在组织协调和军事指挥上也逐渐显示出其卓越的才能。担任排长不久，就被提拔为连长。

1925 年 2 月，贺龙在常澧镇守使署（北洋政府时期临时军事机构）就任建国联军川军第 1 师师长，贺锦斋再次被提升为第 1 团第 1 营营长。为严肃部队纪律，维护民众利益，贺龙第 1 师一方面张贴安民告示，协助地方政府大力开展工农商贸经济发展；另一方面整训部队，改善军民关系。为维护好部队纪律，制定并发布了警卫团《巡查守则》，专门纠正部队中不遵守纪律的违法行为。

7 月 5 日，地方保商团在澧县北门执纪不严，发生了无故向民众鸣枪事件，致使商民大为恐慌，纷纷关门闭市，一时造成恶劣的影响。贺龙密令第 1 营营长贺锦斋带队前往解决。贺锦斋一到澧县，果断解除了保商团的武装，同时张贴告示安抚商民，维护商贸秩序，确保商民安全，受到商民及广大民众的热烈拥护和欢迎，商贸活动又很快恢复起来。

建国联军川军第 1 师在贺龙的领导下，深得民心，部队也迅速壮大起来。这时，贺龙准备带领部队向湘西发展，扩大影响力，因此，引起了湖南省省长、军阀赵恒惕的警觉。这年 10 月，赵恒惕召开湘军秘密会议，决定联合讨伐贺龙所部，任命湘军师长叶开鑫为前敌总指挥，贺耀祖、刘铏、陈渠珍分别为右、中、左路军指挥，极力阻止贺龙的队伍从常德、澧县一带开往湘西。16 日，贺龙一部在慈利与敌激战后撤往大庸；20 日，一部在永顺颗砂与敌左路军激战，打败陈渠珍部，大获全胜；11 月上旬，贺龙又在湘川黔三省边界的麦子坪、棉花坡一线与湘军尾追部队激战获胜后，撤往贵州松桃进行休整。此时，贺龙见态势已不利于己，为保存实力，以图发展，遂率部投靠了黔军袁祖铭。1926 年年初，袁祖铭要求贺龙驻防铜仁。贺龙在铜仁一边为民众兴办福利事业，一边招兵买马，坐等良机。

贺锦斋率领的第 1 营，由于在与湘军的交战中，多次居险扼守，顽强战斗，打退了敌人的多次疯狂进攻，为战胜湘军作出了突出的贡献。战后，被提升为第 1 旅第 1 团团长。这时，贺锦斋参军才 6 年，年仅 24 岁。

贺锦斋 6 年的军事生涯，经历了无数次的战斗。部队转战几省，今天打这个，明天又打那个，军阀混战，致使哀鸿遍野、民不聊生。随着职务的提升，贺锦斋不再只停留在作战勇敢、奋力拼杀上，他常为部队的前途，为中国的前途感到迷茫和担忧。他所要寻找的救国救民的道路，道路又在何方？跟着贺龙出来闹革命几年了，虽然所到之处都受到人民群众的拥护和欢迎，而这样的部队，为什么在军阀那里都容不下了呢？

一天，贺锦斋到司令部来找贺龙，见贺龙正在房子里聚精会神地看一本小册子。贺锦斋本想找贺龙倾诉一下他内心的痛苦和对现实的看法的，看到贺龙看书看得这么起劲，于是要过来看了看。原来这本小册子是黄埔军校政治部印的，里面汇集了毛泽东、周恩来、恽代英、萧楚女等人的文章和讲话。贺锦斋看了几页，兴奋地问道：“常哥，你这是从哪里弄来？”

“是周逸群寄回来的。”贺龙微笑着回答。

“哎呀，这些时日我正苦恼，没想到这本书可能就是解除我苦恼的良药啊！先借我拜读拜读再还给你。”

“要得！要得！”贺龙答应道，并介绍说：“周逸群是黄埔军校青年军人联合会的主席。这个军人联合会，是由著名的共产党人周恩来直接领导的。我们现在住的这个院子，就是周逸群的家。”贺龙环顾一下房里的陈设，接着说：“他家是大户人家，但周逸群从小就与众不同，他勤勉好学，仗义疏财，同情劳苦大众，现在还参加了共产党。这些小册子，就是他从广东给家乡的亲戚朋友寄来的。”

贺龙继续感慨地说道：“周恩来是黄埔军校的政治部主任，是共产党在黄埔军校的主要负责人。他从欧洲回国后，正赶上国共合作，共产党就派遣他到黄埔军校担任这个重要职务。他在那里做了大量有益的工作，并以共产党员和社会主义青年团员为骨干，建立了青年军人联合会，出版了这个《中国军人》会刊，用以宣传马列主义和共产党的政治主张，团结教育广大革命军人。这才是一个光明的组织，一个领导中国走向独立、民主的党，一个有前途的党啊！……”

贺锦斋如饥似渴地读完了这本小册子，心里像是点燃了一盏明灯，他不仅十分敬重周恩来和周逸群，尤其对他们解决国家前途命运问题的政治主张深表赞成。为了能够更多地看到这类进步政治内容的小册子，贺锦斋走访了周逸群的一些亲戚朋友，一面借书，一面了解青年军人联合会的情况。他还在自己的队伍里公开对官兵们说：“你们哪个如果有亲戚朋友在黄埔军校学习，可以写信要他们多寄些像《中国军人》这类的好刊物来。”

临危受命当旅长

1926 年 1 月 1—19 日，中国国民党在广州召开第二次全国代表大会，大会进一步明确了“联俄、联共、扶助农工”的三大政策。为讨伐北洋政府的反动统治，结束军阀割据的局面，实现国家统一之目的，7月9日，国民革命军派出8个军，分4路向湖北、江西、福建、浙江和安徽出师北伐，兵锋直指北洋军阀吴佩孚、孙传芳。

占据贵州的黔军袁祖铭，被广东革命政府争取参与北伐，被任命为国民革命军左翼总指挥，下辖第9军和第10军。贺龙得知国民革命军北伐的消息后，兴奋不已，于是积极响应。8月6日，贺龙被任命为国民革命军第9军第1师师长，他立即率部从铜仁出发，沿沅水而下，先是攻克麻阳，接着乘胜前进，连夺辰溪、沅陵。而后，大军分水陆两路直扑常德府。

常德地处洞庭湖之南，旧称武陵，晋代诗人陶渊明在《桃花源记》中写的“人间仙境”武陵，就是此地的桃源县。湘军第3师叶开鑫驻守在此。这时，北伐军已攻克长沙，对常德守军震动很大，贺龙不失时机地向常德守敌发起进攻，激战3天，叶开鑫部大败，贺龙部进驻常德。

一天，贺龙第1师司令部迎来了一支由30多人组成的北伐军宣传队，宣传队的负责人便是共产党员周逸群，他是受北伐军总政治部的派遣来到贺龙第1师担任政治部主任的。周逸群的到来，让贺龙喜出望外。见面的第3天，贺龙就向周逸群提出加入中国共产党的请求。

贺锦斋得知周逸群来到师部后，迫不及待地跑来要见这位他心目中敬重的人物，见面说道：“周主任，我是第1团团长贺锦斋，久仰你的大名，特别是拜读了你的文章后，使我心中豁然开朗起来，干革命的方向和目的更加明确了。一是希望你多介绍一些革命的书籍，二是希望你能到部队里去给官兵们作个报告。”

周逸群对眼前这位年轻充满活力的团长印象非常好，高兴地说道：“贺团长，早听说你是一位会打仗、会作诗，能文能武的团长，今天一见果不其然。我很乐意到你团里去给战士们讲一讲中国共产党所领导的革命斗争，讲一讲这次北伐的重大意义……”他们畅谈了很久，告别时，周逸群送给贺锦斋《共产党宣言》《共产主义 ABC》等马列主义的经典著作，以及一些进步书刊。不久，周逸群到团里作了一次报告，向官兵们介绍了目前中国工人、农民生活的贫困和国家、民族的灾难，分析贫困和灾难的根源，介绍广东、湖南的群众运动和北伐战争的形势。周逸群把革命的理想，革命的道理，革命的目的都讲得通俗、易懂、生动、形象，进一步激发了战士们的革命热情和斗志。

贺龙师长请周逸群帮助改造部队，在中共湘区区委的支持下，在常德开办了政治讲习所，严仁珊任所长，张子清、张子凤等人任政治教官，讲授《社会主义大纲》《世界革命史》等政治历史读本，以增进学员对共产主义、对革命的正确认识；军事课程开设了操械、队列，战术演练等内容。每天除政治、军事课以外，晚饭后还开展文娱活动，教唱革命歌曲。政治讲习所的创办，扩大了中国共产党在北伐军中的影响，提高了部队正规化管理水平。

贺锦斋从团里精心挑选了一批思想进步的青年军官和士兵到讲习所去学习，鼓励他们努力提高政治觉悟，掌握军事技术。待他们回到部队后，将他们提拔为班长、排长，充分发挥他们的骨干带头作用。

周逸群在贺龙的支持下，全师上下建立健全

了各级组织，师设立了政治机关，旅、团、营、连都配备了政治工作人员，连队建立士兵委员会，并在营以下官兵中秘密发展共产党员。营长罗统一、王炳南、贺桂如等先后加入中国共产党。

周逸群和他带领的宣传队来到部队不久，就给贺龙的第1师带来了前所未有的影响，部队的精神面貌和战斗力发生了巨大变化。贺锦斋切身地感受到了政治工作的重要性，更加注重对部队的政治思想教育和人的感化工作。

8月中旬，贺龙率领第1师继续北进，攻打澧州。澧州守军贺耀祖闻听常德失守后，知道贺龙必攻澧州。他一方面收罗常德败兵；一方面招募乡勇，在澧州构筑工事，妄图阻挡北伐军。

15日，当大军逼近澧州时，贺锦斋率领的前卫部队在城南与敌进行了激烈的战斗，双方伤亡惨重，城池屡攻不下。于是，贺锦斋决定改变打法，不靠硬攻，寻找薄弱环节以攻之。他带领几名战士乔装成卖鱼的商贩，混进城内对敌人的城防工事和兵力部署进行侦察，摸清了敌人在城内的防守情况和火力配备，回到部队后，连夜进行研究部署，他一面让城南的部队继续进攻，以吸引敌人的注意力，同时，趁黑夜率领 100 多人，选择几处防守不严的地方攀进城去，从守敌的背后突然发起攻击。战斗打响后，敌人搞不清城内有多少北伐军，惊慌失措中放松了防守的力量，外面的主力部队趁机发起猛攻，南城迅速被突破，部队潮水般涌进城内，一举攻克了澧县县城。守城司令贺耀祖见大势已去，急忙率残部弃城而逃。

攻克澧县县城后，贺锦斋率领所部继续向湖北公安县进发。公安是常澧之咽喉，荆（州）沙（市）之锁钥，上可扼恩施、宜昌，下可控汉口、沔阳。三国时期，吴国大将吕蒙曾在此安营扎寨，蜀主刘备也在此筑城坚守。北洋军阀吴佩孚深知这里是战略要地，遂任命长江上游总司令卢金山指挥 3 个师在这一带驻守。卢金山在位于公安县城以西的黄金口戽湖堤布置重兵，企图在此背水一战，阻击北伐军。

当时，戽湖堤一带芦苇丛生，易守难攻，两军一接火，便激战不休。战斗中，第 2 旅旅长贺敦武不幸壮烈牺牲。噩耗传来，正在指挥所指挥的贺龙急红了眼，他抓起战刀，来到前线，命令贺锦斋代理第2旅旅长，继续指挥战斗，要他务必把敌人打过江去。

贺锦斋临危受命后，挑选了500名勇士，组成敢死队，由他亲自带领，高喊着“为旅长报仇”“消灭卢金山”“打倒北洋军阀”的口号，像铁流一样，杀入敌人阵地，狠狠地打击了敌人的嚣张气焰。

这时，卢金山得知贺龙手下旅长贺敦武阵亡，心下得意，想趁机一举将贺龙师击溃。于是，当天夜里，他把用重金收买来的土匪，连同自己的几千人，趁着月夜分3路向贺龙的部队袭来。贺龙与贺锦斋研究决定，以部分兵力正面抗击，又以部分兵力绕道迂回到敌人后方进行袭击。战斗打响后，只听四面八方枪炮齐鸣，喊杀声、号角声震天响，似有千军万马从天而降。敌人受到前后夹击，以为是北伐军援兵到了。那些收编的土匪，本系乌合之众，听到这阵势，呼啦一下散了一大半。土匪一跑，立即动摇了卢金山部队的阵脚。贺锦斋趁势发起反击，把卢金山的部队打得纷纷逃窜，残部有的撤退到长江北岸，有的沿江逃跑，贺锦斋又乘胜追击，一直追到沙市。

原来，援兵是周逸群动员当地的农民协会，用土枪、鞭炮、雷鼓、鸣号来助阵造势的。公安一战，贺锦斋感慨万端，他作诗以写道：

> 庠湖堤畔雾烟笼，路被铜墙铁壁封。
> 烂额焦头皆不顾，短刀相接看谁雄。
> 黄金口是古韶关，战血纷飞水尚丹。
> 此地兵家皆重视，芦茅深处有龙蟠。

不久，贺锦斋被任命为第 1 旅旅长，刘夔担任第 2 旅旅长。全师作短暂休整后，准备宜昌会战。

12 月 16 日，贺龙命令刘燮第 2 旅进逼当阳，应对北面之敌；命令贺锦斋第 1 旅由荆宜大道前进，会同第 3 旅和第 10 军向宜昌守敌发起进攻。此时宜昌之敌，已如惊弓之鸟，四散而逃。战至次日下午 3 时，贺龙第 1 师全部占领宜昌。是役，贺师缴获步枪 3000 余支，俘敌数千名，毙敌团长 3 名、营长 5 名、士兵 2000 余名。

二次北伐打头阵

宜昌之战，贺龙第 1 师威名大震，成为北伐军中的一支劲旅。因贺龙部首占宜昌“缴获独多”，有人密告蒋介石，要求解散贺龙的部队。于是，蒋介石致电国民革命军总政治部主任邓演达，要求密查第 9 军、第 10 军入宜昌后的情况。

此时，国民党右派不断制造“反共”事端，使国民党两派之间的矛盾逐渐激化，国民党右翼势力难以容忍贺龙这支具有战斗力的进步武装进驻鄂西，企图借机解散之。

经过国民党中央委员吴玉章（共产党员）的斡旋，武汉国民政府（广东国民政府于 1926 年 11 月迁都武汉）同意将贺龙部调往鄂城去拱卫武汉。

1927 年 1 月，贺锦斋随贺龙从宜昌出发，登上火轮顺水而下，移师鄂城、黄冈，担负捍卫武汉三镇、保卫武汉国民政府的任务。正是初春时节，贺锦斋站在轮船的甲板上，面对山峰融雪，吟诗道：

为何滕六爱山峰，竟把吴棉撒碧空；
蜡象原为青女白，银蛇却惧太阳红。
诗人喜咏江山老，词客欣吟雾雪融；
身在景中无句写，恐寒惟冀岁时丰。

部队到达鄂城后，武汉国民政府借对北伐军进行整编之机，将贺龙的第 1 师改编为国民革命军独立第 15 师，直接受总司令部指挥，贺锦斋第 1 旅被缩编为第 1 团。他发现，此次整编的北伐军中，有的 1 个军扩编为两个军，而贺龙部不仅未扩编，反而被缩编了许多。原有的 12 个团两万余人，整编后只有 5 个团、3 个直属营，兵力也缩减到 1.1 万人。

在北伐的关键时刻，将北伐战争中战功卓著的劲旅裁减过半，其中的缘由，贺锦斋自然心中有数。他敏锐地意识到山雨欲来，武汉的局势变幻莫测，国民党左右两派的斗争已经直接波及独立第

15 师。

1927 年 4 月 12 日，蒋介石在上海发动了反革命政变，许多共产党人和革命群众遭到屠杀。6 天后，他又在南京另立国民政府，同保持国共合作的武汉国民政府相对抗。

由于北京尚有张作霖控制的奉系军阀政府存在，中国一时形成 3 个政权相对峙的局面。掌握武汉国民党中央和国民政府领导权的汪精卫召开紧急会议，决定开除蒋介石党籍，免除其本兼各职。同时，为解除北方军阀对武汉国民政府的军事包围和经济封锁的双重压力，武汉国民政府决定进行第二次北伐，出师河南，由唐生智担任北伐军总指挥，率 3 个纵队 8 万大军讨伐盘踞中原大地的奉系军阀。贺龙独立第 15 师被编入第一纵队，由司令官张发奎指挥。

随着革命形势急转直下，贺龙对师政治部主任周逸群说："所有派到我这里工作的共产党员，都不要离开，还是继续做政治工作，相信我们这个部队是谁也打不垮的。"

此时，独立第 15 师内部各级军官的政治态度也逐步明朗起来。共产党员和国民党员之间经常处于尖锐的对立状态。看到这一切，贺锦斋对风云突变的局势感到担忧。一天，他对贺龙说：“师长，你注意到部队当前的动向了吗？”

贺龙对蒋介石的反革命政变非常愤慨，决心同他展开针锋相对的斗争。但是，要斗争，没有枪杆子是不行的。当前的主要问题是要把部队掌握好，使它成为武装反蒋的坚强力量。当贺锦斋提到部队的动向问题时，贺龙反问道：“你听到什么风声了吗？”

贺锦斋小声说：“如果部队要出事，只怕出在高参和参谋长那里。”

贺龙对高参陈图南的动向是清楚的，他虽跟随贺龙多年，但对贺龙追随并重用共产党人周逸群等人，心怀不满。蒋介石发动四一二政变后，他想倒向蒋介石，与贺龙对立，暗地里唆使参谋长陈淑元、团长柏家厚，营长陈策勋（陈图南的侄儿）、陈佑卿、张松如、刘景星等人搞兵变，利用自己的老资格和私人感情、家族关系，想把队伍拉到国民党右派那边去。

贺龙问贺锦斋："你看怎么办？"

贺锦斋冷静地说："已经到了他死我活的关键时候了，应该果断下决心，坚决站在政治部主任周逸群的这一边，跟着共产党走，绝不能让陈图南的阴谋得逞。"

"好，我们想到一起了！"贺龙说到这里，把手扬起来，做了一个快刀斩乱麻的动作。

贺龙接着说道："事到如今，只有两条路可走，不革命，就反革命；我们不杀反革命，反革命就要杀我们。我已向周逸群主任说过，把脓疱挤掉，决心跟共产党打天下！"

4 月中旬，贺龙奉命率独立第 15 师集结武汉，待命出征。由于武汉国民政府北伐军总指挥唐生智对与共产党有关系的独立第 15 师，在饷械方面格外谨慎，几个月迟迟不拨军饷，使部队面临很大困难，造成军官士兵思想不稳。出征前夕，陈图南伙同师参谋长陈淑元、柏家厚等人在驻湛家矶的第 1 团策划了一次闹饷事件，想嫁祸于贺锦斋。

第 1 团原本就是贺锦斋的队伍，接替他的新任团长刘达五是贺龙的老朋友、老大哥。突然在第

1团发生闹饷事件，让贺锦斋始料未及。他正要到团里去处理此事，贺龙知道后，也要一起到团里跟弟兄们讲几句话。贺龙当着全团干部战士的面说：“弟兄们，这几个月，没有给大家发饷钱，大家有怨气，我理解。我贺龙向来是跟大家同甘共苦的。大家没有饷钱，我贺龙口袋里照样也没有一个铜板儿呀……”

正说着，台下队伍中突然有人朝贺龙打了一枪，贺龙一闪身，险些中弹。贺龙向来在部队中的威望极高。自组织武装以来，爱兵如子，不谋私利，尽管在多年征战中遇到过许多困难，有时也发不出薪饷，甚至受冻挨饿，但他带的部队都很理解他，从没有发生过向他打黑枪的事。为此，贺锦斋陷入了深深的自责之中。他主动承担责任，并向贺龙和周逸群作了检讨。

贺龙说：“这个事要说是由来已久的，事出有因嘛。要说简单，就是我贺龙听共产党的，有人要搞掉我贺龙的脑壳嘛！”

周逸群认为贺龙分析得有道理，并交代贺锦斋迅速彻查。

经过调查，打黑枪的士兵叫李清林，他是受陈图南、柏家厚等人的指使，以闹饷为借口，要让“老板（贺龙）报销，让先生（周逸群）难逃，由老资格（陈图南）当师长、军长”，死心塌地地追随蒋介石。

贺锦斋调查清楚后，立即向贺龙和周逸群作了汇报。周逸群又很快向武汉的中共中央作了汇报，武汉公安局局长吴德峰（共产党员）立即带人逮捕了陈图南等人。陈策勋、陈佑卿、张松如、刘锦星等几个营长见势不妙，连夜逃出部队，跑回桑植老家投靠了国民党。陈淑元、陈图南、柏文忠被处以极刑，从而挖掉了隐藏在独立第 15 师中的最大隐患，从内部纯洁了队伍。

不久，贺龙率部从鄂城出发，开始第二次北伐。由于部队纪律严明，沿途秋毫无犯，深受群众的欢迎和拥护，因此，屡战屡胜，很快进入河南边境。

河南是北洋军阀奉军的势力范围，他们派重兵把守武胜关，声称河南是“铁桶江山，固若金汤”，“要使北伐军寸步难行”。但这个“铁桶”并

不牢靠，很快就被最先抵达武胜关的贺锦斋部攻破。接着，他又随贺龙在逍遥镇一举击败奉军，打得敌人闻风丧胆，纷纷逃窜。

逍遥镇大捷后，时任北伐军苏联军事顾问加伦将军，激动地用生硬的汉语高呼："中国革命万岁！""北伐军 15 师万岁！"

贺龙所部在河南境内长驱直入，直逼重镇开封。然而，不甘心失败的奉军在漯河临颍集中六七万人马，还配备了坦克和大炮，决心依托精良的装备与北伐军决一死战。贺锦斋率部奋勇当先，贺龙指挥其余部队前仆后继，以血肉之躯与之相拼搏。这一仗打得极其艰苦，北伐军英勇顽强，使奉军伤亡过万，上千人被俘，贺龙的部队也付出了惨重的代价。

攻克临颍后，贺锦斋随贺龙一起，不顾疲劳，乘胜追击，于 6 月 4 日占领了河南省省城开封，实现了战前武汉国民政府提出的直捣开封城的目的。至此，黄河南岸的敌军基本被肃清，北伐军取得了辉煌的胜利。

在此次北伐中，贺锦斋率部跟随贺龙从广水

一直打到开封，一路攻必克、战必胜，立下赫赫战功。苏联军事顾问说：“这支部队是由富有战斗力的战士组成的，打起仗来异常奋勇。”舆论界赞誉贺龙独立师为“战绩最大，声誉最高”的“钢军”。

二次北伐刚一结束，武汉国民革命军即进行编制调整，当时在武汉的党中央又及时给贺龙独立第 15 师补充了大量的人力和物力，使得这支由共产党掌握的部队扩编为国民革命军第 20 军，贺龙任军长，周逸群任政治部主任；贺锦斋升任为第 1 师师长。这一年，贺锦斋 26 岁，是国民革命军中最年轻的师长之一。

坚定地跟党走

1927 年 6 月中旬，贺龙率第 20 军奉命返汉。此时的武汉，革命形势更趋复杂。汪精卫想以武汉政府的武装同蒋介石争夺领导权，打出了“东征讨蒋”的旗号，决定以唐生智为总司令，派何键从长江左岸，程潜、张发奎从长江右岸向南京进兵。命令贺龙的第 20 军、叶挺的第 11 军第 24 师为先锋，东征讨伐蒋介石。

贺龙接受任务后，即同叶挺一起，各率本部人马，连夜从武汉上船，顺着滔滔江水，浩浩荡荡，直奔南京。

贺锦斋率领第 1 师官兵登船后，他来到船头，面对浩瀚的江水无限感慨。他深知，革命的道路虽然处处有险阻，但任何力量都阻挡不住革命前进的洪流，就像大风大浪阻挡不住这航船的前进一样。想到这里，他满怀激情地同战士们一起唱起了《少年先锋队歌》：

“走向前去呵，曙光在前，同志们奋斗，用我们的刺刀和枪炮开自己的路！勇敢上前，坚定脚步。我们是工人和农民的少年先锋队……”

战士们激昂的歌声伴随滚滚的江涛，飞上两岸，飘向远方。

当部队到达九江之后，突然接到汪精卫的命令，要求贺、叶两部原地待命。原来，汪精卫集团秘密召开了“分共”会议，与上海的蒋介石合流了，国共两党关系彻底破裂。

汪精卫在武汉宣布“分共”的当晚，周逸群主任找到贺龙，愤怒地说道：“文常，汪精卫宣布了‘分共’，现正在武汉、南昌等地抓捕共产党员和工友们！”

贺龙听后，一拍桌子大声说道：“东征讨蒋，汪、唐却令大军按在这里不动，我琢磨这其中定有缘故。”他抬起头，用坚定的目光望着周逸群：“逸群，需要我做什么？”

“现在武汉、南昌的反动政府正到处疯狂抓捕工人纠察队和共产党员，为了不使我们党受到更大的损失，我们有一大批党员和积极分子要安排在咱们部队里来进行保护。”

贺龙毫不犹豫地说：“请转告党中央，我贺龙就是掉脑袋，也要救这些‘红脑壳壳’。”他想了想又说，“这样吧，我在九江大摆宴席，庆祝我荣升 20 军军长，你们那些党员、团员、积极分子，都来做我的客人”。

贺龙又找来贺锦斋，把保护共产党员的事向他作了交代，要他去组织宴会和接待送来的人员，并把这些人都安排在他的第 1 师里，加以重点保护。

贺锦斋说：“常哥，这些共产党员出生入死，个个都是好样的。你放心，我一定保护好他们，发挥好他们的引领作用，这也是对我们部队力量的极大加强呀！”

在贺龙、周逸群和贺锦斋的掩护下，武汉和两湖各地被解散的工人纠察队、农民自卫军以及在“清党”中被“礼送”的共产党员、共青团员，都被巧妙地安排到了第 20 军中。

7 月 23 日，中共中央改组后组成的临时中央，派谭平山来到九江第 20 军司令部见贺龙。当谭平山把中国共产党准备组织武装暴动的打算告诉贺龙后，贺龙立即说道：“早该动手了！什么东征讨蒋？汪蒋早已穿了一条裤子，那南京和武汉的重要人物，明来暗往，如同穿梭，干什么？还不是明里踢脚，暗里拉手。谭先生你放心，共产党怎么说，我就怎么干。”说完，他又斩钉截铁地补充道：“南昌暴动，无论成功与失败，我都干。如果失败了，我换上草鞋，再上山拉队伍！”

谭平山听后，激动地拉着贺龙的手说："贺军长，共产党永远忘不了你！"

正当中共临时中央积极准备南昌起义之际，汪精卫、唐生智、张发奎等在庐山定下密谋，他们发报通知贺龙、叶挺上庐山开会，想借机剥夺他们的兵权，而后再把这两支部队调开武力解决。时任第 4 军参谋长的叶剑英是未公开身份的秘密共产党员，他在庐山得知这一消息后，心里十分着急，立即寻机下了庐山，飞马直奔九江。此时叶挺正准备上庐山赴会。于是，叶挺又找来贺龙，他们来到甘棠湖租了一只小船，把船划到湖中心商量对策。经过慎重磋商，一致认为：不去庐山开会，迅速把队伍开往南昌。

此时的南昌，为国民党江西省政府主席兼第 5 路军总指挥朱培德把守，下辖第 3、第 9 两个军和朱德教导团、张朝振警卫团。朱培德正好在庐山疗养，南昌的军政要务统由朱德（共产党员）处理。

7 月 27 日，按照党中央的指示，贺龙、叶挺两支部队先后改乘火车前往南昌。贺锦斋率领第 1 师先期到达。贺龙的军部设在"中华圣公会"教会学校，贺锦斋的师部设在江西大旅社。江西大旅社也是南昌起义的总指挥部，朱德、贺龙、叶挺、刘伯承等时常要来这里开会，楼上的25号房间，是专门安排给前委书记周恩来临时休息和办公的地方。贺锦斋感到这是党组织对他的极大信任，同时也感到责任的重大。他一方面要确保起义领导人的安全，特别安排了4个警卫连、2个手枪队、1个机枪队、1个步兵队负责警卫；另一方面，还要让他的第1师在这次起义中，冲锋在前，打个漂亮仗。

刚到这里不久，就听说周恩来要来这里主持召开前委扩大会议，这使贺锦斋激动不已。这位让他仰慕已久的著名共产党人，现在就要来到他跟前了，他既高兴又有些拘谨，好在有党中央派到第1师任党代表的方维夏在他身边。

一见面，周恩来就热情地和他们打招呼，贺锦斋恭恭敬敬地站在那里。当方维夏介绍到贺锦斋时，贺锦斋连忙向周恩来敬了个标准的军礼。周恩来紧紧握着贺锦斋的手说："我听贺龙说过，你很会打仗，还会作诗。"周恩来拉着他的手，像老朋友似的笑着说："坐下，坐下，我们一起谈谈。"

为了打破这种窘态，方维夏笑着解释说：“我们的师长是当卫士出身的，他对领导同志都是这样恭恭敬敬的。”周恩来听后爽朗地笑了起来。

周恩来这么平易近人，使贺锦斋很快打消了顾虑，他用心聆听周恩来对形势的精辟分析以及处理当前重大问题的政治见解。贺锦斋向周恩来表示，一定以实际行动同国民党反动派决裂，跟共产党革命到底。

周恩来听了很高兴，并坚定地说道：“由于国民党反动派实行大屠杀，轰轰烈烈的大革命遭到失败。但革命不会停止，也不可能停止……反革命的多次事变，也使革命者不断地成熟了起来！”

南昌起义担重任

1927 年 7 月 28 日，周恩来来到第 20 军指挥部见贺龙，把中共临时中央的决定和行动计划告诉了他。贺龙毫不迟疑地说道：“我完全听共产党的话，要我怎么干就怎么干。”

晚上，江西大旅社里正在群英聚会，共商南昌起义的大事。贺龙一入会场，周恩来站起来满面笑容地说：“贺龙同志，到这里来坐。”周恩来指着贺龙说：“我来介绍一下，这位就是镇湘西，扫黔川，战逍遥，克开封的名将贺龙。当然，也是我们这次暴动的总指挥。”

周恩来说罢，贺龙与大家一一握手。在座的许多人都是贺龙的老朋友。会议气氛热烈坦诚。会议最后决定，根据中共临时中央的指示，组成南昌起义前敌委员会，周恩来为书记，李立三、恽代英、彭湃为委员。前委会组成之后，又成立了参谋团，参谋长为刘伯承，参谋团成员有周恩来、贺龙、叶挺、朱德、聂荣臻、贺锦斋、蔡廷锴。预定参加起义的部队是：国民革命军第二方面军第 11 军第 24 师、第 10 师，第 20 军全部，第 4 军第 25 师第 73 团、第 75 团以及朱德为团长的第 3 军军官教育团一部和南昌市公安局一部，共 2 万余人。第 20 军下辖 2 个师，第 1 师师长贺锦斋，第 2 师师长秦光远。

7月31日，第20军召开营以上军官会议，贺龙军长首先向大家传达了中共前委起义的决定，接着作动员：“我们大家在一块战斗很久了，同生死，共患难，出生入死，就是为了追求一条光明的道路，让中国不再四分五裂，让人民过上安稳的日子。我们跟着国民党从南打到北，可是国民党叛变了，国民党已经死了，不能再跟它走了，我们要重新树起革命的旗帜，反对反动政府，打倒蒋介石，打倒汪精卫。我们今天要跟着共产党一起革命，一起起义！大家有什么意见？”

第1师师长贺锦斋听后，站起来激动地说道：“军长，我从18岁跟你出来，一直没离开部队，大大小小打了90多场仗。如今你要打虎，我就跟你上山；你要擒龙，我就跟你下海。你说怎么干，我就怎么干，跟你革命到底，海枯石烂不变心！”

贺龙高兴地望了他一眼，然后把手一挥，说道：“现在不是跟我走，是跟共产党走！从今天起，我们都听从共产党的领导，服从共产党的命令！”

“军长决定怎么办就怎么办，我们坚决跟着走！一定跟着共产党闹革命……”大家见第1师师长率先表态了，其他师长团长们、参谋长们也纷纷响应。

贺龙满意地点了点头。接着，宣布起义作战计划和命令。贺锦斋第 1 师的主要任务是进攻朱培德第 5 路军总指挥部和江西省政府，消灭第 9 军教导旅及第 3 军留守部队。

贺龙肩负着起义总指挥的重任，而第 20 军没有副军长，因此，贺龙把第 20 军的许多工作都交给贺锦斋去布置，并对他说："你不仅要指挥好第 1 师，必要时还要授权给你，担任第 20 军的指挥任务。"

为了确保万无一失，贺锦斋又来到第 1 团检查战斗部署情况。他把南昌市地图展开，向团长刘达五再次明确战斗任务："你们的任务是消灭第 3 军留守南昌的警卫部队，还有靠近城边驻扎在村庄里的两个营，这些敌人驻地比较分散，必须把任务明确到营连，随时掌握战士的思想动态，坚决打好这一仗。"

离开第 1 团时，贺锦斋要求刘达五从团部侦察连派出便衣，在天黑之前摸清敌情、地形道路，还郑重交代：“战斗可能就在明天打响，确切时间要等候总指挥部的命令。今晚，人不要离枪，士兵可以睡觉，军官要轮流值夜，不得有误。”

时隔不久，团长刘达五急匆匆跑来报告说：“第 3 营副营长赵福生散会后，跑到朱培德指挥部，向滇军的一个同乡告了密。”贺锦斋觉得事关重大，赶紧带着刘达五向贺龙总指挥报告。贺龙当即向前委书记周恩来报告。为了确保起义胜利，出其不意地消灭敌方，贺龙与前委紧急研究决定，将原定 8 月 1 日凌晨 4 时的起义时间提前两小时举行，并商定以第 20 军总指挥部连发三枪作为起义信号。

8 月 1 日凌晨 2 时许，三声清脆的枪声划破了南昌城沉静的夜空！贺锦斋根据指挥部的命令，带领第 1 师向敌方发起了猛烈的进攻。担任主攻朱培德第 5 路军总指挥部的第 1 团和第 2 团，大多数是从桑植出来跟随贺龙多年的老部下，能打善战，英勇顽强，他们作为第 20 军的先锋部队，在贺锦斋的带领下勇往直前。

守卫朱培德总指挥部的警卫团，是朱培德的

“精锐”部队，也是起义军面临的最强劲对手。因事先得到了叛徒的密报，他们悄悄做好了防止暴动的准备，早早地把机关枪架在了鼓楼上。起义军的枪声打响后，担任正面进攻的部队，几次冲锋都被敌方机关枪凶猛的火力压了回来。前进受阻，形势万分紧急。

这时，贺龙大声吼道：“锦斋，你快带我的基本连去干掉它！”贺龙的基本连武器装备好，大多是作战勇猛的老兵。

“弟兄们，快跟我来！”贺锦斋顾不得回答，一个转身，率领基本连的战士冲过街道，直扑朱培德总指挥部。他命令部队兵分两路，从两侧民房进攻。贺锦斋不顾敌人猛烈的炮火，迅速爬上屋顶，指挥部队架云梯，抢占鼓楼的制高点，然后居高临下，用机枪火力将敌人压在指挥部内。此时，第2师第5团也迂回到敌军总指挥部背后，配合第1师对敌进行前后夹击。敌方顿时陷入一片混乱，第1团和第2团乘机闪电般冲进了门洞，向被打得晕头转向、七零八落的敌方扑去，很快，朱培德的警卫团和总指挥部被全部解决，加速了整个战斗的

进程。

经过4个多小时的激战，南昌起义取得了成功。初升的太阳，照耀着插在南昌城头的鲜艳红旗。各界人士涌上街头，敲锣打鼓，燃放鞭炮，张贴标语，庆祝这一伟大的胜利。

南昌起义的成功，打响了中国共产党武装反抗国民党反动派的第一枪，宣告中国共产党人不畏强暴、敢于斗争的坚强决心。它标志着中国共产党独立领导武装斗争、创建人民军队的开始，在全党和全国人民面前，树起了武装斗争的旗帜。

南昌起义的胜利，使国民党反动派惊恐万状。南京的蒋介石和武汉的汪精卫立即调集大批军队，疯狂地向南昌城扑来，企图将革命军扼杀在摇篮里。面对这一严峻形势，为了保存革命力量，党中央决定撤出南昌城，向南由瑞金经寻乌、梅江直取东江，在东江重建革命根据地，而后再攻取广州。

自1927年8月3日起，起义军陆续离开南昌城，南下广东。这时，贺龙随总指挥部行动，他将第20军交给贺锦斋指挥。

8月的南方，天气极度炎热，部队从南昌出发一路向南，沿途不是山路就是稻田地，非常难走。兵士们每人背负着两三百发子弹，有的还抬着机关枪等重型武器，行动十分缓慢，所带的给养又少。由于反动派的宣传，经过的村庄，农民大都躲了起来，根本买不到食物，有的部队一日难得一粥。许多士兵生病，因为无法得到及时救治，非战斗减员严重。加上宣传工作不到位，兵士大多数不明白此次暴动的意义，因此，军心大为动摇。

贺锦斋处处以身作则，不骑马，不坐轿，坚持和战士们一起步行。他利用一切时机，找干部战士们谈心，散发《第二方面军兼代总指挥贺龙告全体官兵书》，鼓励他们克服困难，坚持到底。有时，他给大家唱段家乡小调，讲个民间故事，活跃行军气氛。在他的激励下，战士们战酷暑、忍饥饿、不顾疲劳，坚持向南挺进。

8 月 25 日，当部队来到距瑞金 30 余里的壬田镇时，遭到国民党军阀钱大钧两个精锐团的拦截。贺锦斋遵照贺龙“坚决把敌人干掉”的指示，率领部队向敌据险扼守的要道组织了一次又一次冲锋，战至第二天早晨，终于把守敌击溃，起义军进入瑞金城。

起义部队在瑞金稍事休整后，又继续南进。这时，贺锦斋率领第 1、第 2 师走在前面，叶挺指挥的第 24 师和革命委员会机关断后。沿途，蒋介石不断调兵遣将，前堵后追。由于没有根据地，起义部队物资供应极度缺乏，加之天气炎热，疲劳、饥饿、疾病交织在一起，部队减员很大。经过艰难跋涉，起义部队于 9 月下旬进入广东潮汕地区。这时，又遭到数倍于己的强敌夹击，除朱德、陈毅等领导的一小部分起义军得以突出重围，后来辗转上了井冈山以外，其余大部散失。

10 月 3 日，前委主要成员召开会议，决定“武装人员退往海陆丰，准备作长期的革命斗争”。当天下午，贺锦斋带领的部队经过流沙镇乌石山时，突遭敌东路军陈济堂第 11 师和徐景唐第 13 师截击，把他们与后续部队隔断，使他们与总指挥部失掉了联系。

这时，贺锦斋带领仅剩的两个团，一路突围，艰难地撤退到了海陆丰。到了海陆丰之后，贺锦斋等了一天，也没见到后续部队的动静。他十分担心其他部队是否突出了重围。正着急之时，副师长欧百川情绪低落地跑过来抱怨道：“师长，咱们军长不知中了什么邪，放着高官厚禄不要、荣华富贵不享，偏要到这里受这洋罪。”

贺锦斋根本没有心思去理他。停了一会儿，他又大着胆子在贺锦斋面前继续说道：“师长，你和军长是手足，要说说他呀，不要把老本都搭进去了。”

贺锦斋又等了一天，还不见后续部队的影子，他预感到后续部队真的没有跟上来。这时候，欧百川又来了，一进门便说：“师长，不好了，外面都在传说，国民党来了几个军，在乌石镇已将周恩来、叶挺俘虏，在云落镇也将贺龙俘虏了。”贺锦斋半信半疑地问：“真有此事？”欧百川说：“不会有假。”

贺锦斋默然无语，欧百川趁机说道：“锦斋，你要拿主意啊。敌人几个军，咱们只有这点人马，兵已厌战，再也不能打了。古语云：留得青山在，不怕没柴烧。如今军长被俘，正巴望我们去解救，我们若再有个山高水低的，谁去救军长？”

这段时间，不断有人自称国民党军的代表，前来会见贺锦斋，劝说他命令队伍和平缴械。说是如果和平缴械，保证所有官兵安全返回湖南家乡。

面对强敌重围，失败已成定局。为了保全为数不多的部下的性命，贺锦斋只好顺应部下的请求。生死关头，他带着手枪队突出重围后，无奈地含泪遣送了手枪队的战士们，嘱咐他们回湖南家乡后，不能做对不起人民的坏事，等有了时机，再起来一块干！随后，他带着警卫营长滕树云也离开了此地。

03 坚持斗争

去上海找党

南昌起义部队在潮汕地区失败了，作为参加南昌起义主将之一的贺锦斋，虽然壮志未酬，却雄心犹在。

此时，他该向何处去呢？贺龙总指挥现在又在哪里呢？他想来想去，决定去上海找党中央，他要向党中央检讨自己的错误，向党组织表达跟党走的决心，愿意重整革命旗鼓，将革命进行到底。于是，他和滕树云搭上了去上海的火轮船。

1927 年 10 月，上海黄浦江两岸，到处血雨腥风。贺锦斋和他的警卫营营长滕树云都一身学生打扮，背着简单的行李下了船。他们走上码头后，

沿着黄浦江岸走了一段，然后停了下来。这里的一切对他们来说，都是那样的新奇和陌生：高楼大厦林立，大街上车水马龙，黄浦江上来来往往的巨轮，还有随处可见的岗哨和荷枪实弹、杀气腾腾的哨兵，以及啼饥号寒、无家可归的人群。

这是一个怎样的社会啊！对于这样一个处处不公平的万恶社会，难道不应当用革命的力量去把它摧毁吗？贺锦斋想到这里，不由得心情激动起来，几句诗词涌上心头：

仰望蔚蓝天，与水相连，两岸花柳更鲜妍。可惜一片好风景，被匪摧残。

蒋匪太凶顽，作恶多端，屠杀工农血不干。我辈应伸医国手，重整河山。

但怎样重整革命旗鼓呢？贺锦斋感到很迷茫。找党组织吗？他真不知该去哪儿找。凝望着滔滔的江水，他脑海里挥之不去的是他带领的部队，是与他朝夕相处的战友们。军长是否安好？现在又在何处呢？

“师长，我们还是先找个地方住下吧！”

贺锦斋看了滕树云一眼，又看了看周围，叮咛说：“不是要你叫我‘斋公’吗？怎么又……我们现在是在敌占区活动，以后再不要这样叫了！”

滕树云笑着点了点头。因为平日叫惯了，一时不容易改过来。两人离开江边，默默地朝市内一条小巷走去。

贺锦斋在一家小旅馆住下以后，每天便在街头巷尾转来转去，希望能碰到哪个在第 20 军工作过的党员同志。他心想，只要在这里找到一个党员，那么同党组织联系就不困难了。然而，10 多天过去了，连半个熟人也没有碰到。

一天，贺锦斋闲逛来到一个书摊边，翻阅着那里的书报杂志，他突然发现一本杂志上刊登有毛泽东写的《湖南农民运动考察报告》。贺锦斋之前听过许多关于毛泽东的介绍，他知道，毛泽东对中国革命有许多精辟的见解。在现在这样极其危险的时刻，能有机会读到毛泽东的文章，或许可以得到一些启发和教益。于是，他买了这本杂志，悄悄塞在衣袋里带回旅社，迫不及待地阅读起来。

当他读到“革命不是请客吃饭，不是做文章，不是绘画绣花，不能那样雅致，那样从容不迫，文质彬彬，那样温良恭俭让。革命是暴动，是一个阶级推翻另一个阶级的暴烈的行动。农村革命是农民阶级推翻封建地主阶级的权力的革命。农民若不用极大的力量，决不能推翻几千年根深蒂固的地主权力……”时，心里顿时亮堂起来。贺锦斋想，既然农民是推翻地主权力的革命力量，如果回家乡把农民组织起来，不是仍然可以干革命吗？他把这个想法告诉滕树云，并暗暗商量，过几天要是再找不到党组织，两人就回两湖一带组织农民打游击去。

他们的主意一定，心里就踏实多了。

有一天，贺锦斋和滕树云走进一家饭馆吃饭，突然发现座位对面有一张熟悉的面孔，他心里一喜，随即用桑植土话说道：“走尽天下无寻处，谁知亲人在眼前！”那人听后一愣，抬头一看，见是贺锦斋，真是惊喜交加。他把眼睛眨了眨，示意贺锦斋不要声张，然后各自埋头吃自己的东西。

这人正是贺锦斋的亲人，是贺龙的堂弟贺干成。多年来，他跟随贺龙转战各地，帮贺龙照顾家属。南昌起义前，他随贺龙的亲属住在汉口普坛里的小公馆里。最近，通过地下党组织的联系，来到了上海。

贺锦斋见到贺干成，心里高兴极了，快速吃完东西，随着贺干成先后走出饭馆，来到一处僻静地方，劈头就问："你知道常哥的下落吗？"

"知道，住在霞飞路。他也是最近才来到上海的，还天天念叨着你呢！国民党反动派到处通缉他，他只能隐蔽活动，你看这饭，就是给他买回去的。"

贺锦斋简单地谈了谈自己的情况，然后约好去见贺龙的时间、地点，便各自走开了。贺锦斋和滕树云高兴地回到旅馆，滕树云喜滋滋地说："这下好了，终于找到组织了！"

"轻点！"贺锦斋把手一摆。

这天下午，他们没出旅馆，一直眼巴巴地盼着天黑。好不容易等到街上的路灯亮了，商店门前的霓虹灯闪耀着奇异的光焰，马路上汽车的喇叭声稀疏时，贺锦斋叫滕树云注意周围的动静，一个人走出旅馆，向法租界的霞飞路走去。

贺干成早已在巷口等他。见到贺锦斋，他会

意地笑了笑，然后带着他穿过几条小巷，来到一间矮小但很干净的房子前，贺龙就住在这里。这时贺龙已是另一种打扮，他身着长衫，脚踏布鞋，俨然一派学者的模样。见到贺锦斋，欣喜地握着他的手，迫不及待地询问别后的情况。贺锦斋沉痛地说道："在潮汕没有把仗打好，让部队遭受了损失，使革命付出了惨重的代价。"

贺龙语重心长地说："胜败乃兵家常事，世界上没有常胜将军。革命遭受挫折，并不等于革命完结，何况我们有党的领导，有千百万真心实意拥护革命的群众。只要我们不泄气、不后退，总结教训，继续前进，革命的高潮仍然可以重新搞起来。"

贺龙的话，抚平了贺锦斋这些天来一直歉疚的心，更加鼓起了他革命斗争到底的信心。他边听边点头，然后坚定地对贺龙说："常哥，你放心，我要为共产主义奋斗终生，绝不会被这次失败吓倒不干。我诚恳请求加入中国共产党，用实际行动证明革命到底的决心。"

"这就好！"贺龙点了点头，又告诉他，凡事不要怕失败，失败几次，有了经验，就可以更好地前进。目前革命虽然处于低潮，但斗争并未止息，各地正酝酿着更大的风暴。接着，贺龙向他详细介绍了当前的斗争形势，特别是全国各地革命武装斗争继续发展的大好形势，并表示自己决定到农村去搞武装斗争。

贺锦斋听后，心情无比振奋，向贺龙谈了自己要去荆江两岸打游击的想法。他说："从荆江地区目前条件来看，组织游击队是完全有可能的。一是那里的农会干部有不少在武昌农运讲习所学习过，有一定的政治觉悟；二是大革命失败后，革命群众的痛苦很深，有重新组织起来反抗国民党镇压的要求；三是那里的地形复杂，湖汊多，便于游击活动。我们只要把他们组织好，在那里站稳脚跟，完全可以把红旗再打起来。"

贺龙很赞成贺锦斋的想法。至于下一步如何行动和入党的请求，他表示可以转告周逸群，请示党组织以后再作决定。

很快，党组织同意了贺锦斋的请求。

1927 年冬，贺锦斋根据党的指示，同滕树云一起离开上海来到武汉。

重整旗鼓

武汉，这个曾经的国民革命政府所在地，也同上海一样岗哨林立、密探横行，到处是杀人的布告、呼啸的囚车。

要想打听到党组织的消息，并不那么容易。他们在大街小巷转了好几天，也没找到一个熟悉的人，这可把他们急坏了。没想到，他们被一个流落在武汉的原第 20 军的战友看到了。

这一天，一个戴草帽的人力车夫拉着一辆破车，拦住了他们的去路，车夫把车子停了下来，对贺锦斋说："快上车吧，我拉你们回去！"

这突如其来的举动，让贺锦斋十分惊讶。他和滕树云仔细一看，不由得高兴起来。但他们知道，在街上不是说话的地方，于是连忙坐上车，任由那个车夫拉着跑。

车夫叫贺春轩，是贺锦斋的族侄，在贺锦斋

部下当副官，南昌起义部队开到广东被打散以后，几个人相伴来到武汉，他在朋友的帮助下，干起了拉人力车的活计。

叔侄相见，战友重逢，真是意外之喜！他们来到一个僻静处停了下来，贺锦斋急忙问道："你知道常哥家属现在的住处吗？"

"知道。你要找他们吗？"贺春轩问。

"是的。我们从上海来，是常哥要我来找他们的。"

"大叔到上海了？"

"是的，他在上海。"

"谢天谢地，只要大树不倒，我们就有办法了！"贺春轩由衷地说道。

"现在唯一的办法就是把枪杆子捡起来，跟着共产党干革命。我这次到武汉，就是准备去荆江重新拉队伍的！"

"那好，你们把我也带上吧，我这人力车可以不拉了。"贺春轩一边说，一边叫他们坐上车，拉着车子跑了起来。拐个几条街道和巷子，他把人力车停在了一家小酒店门口，取下草帽在酒店门前晃了晃，便带着贺锦斋和滕树云穿过酒店，进入一栋两层楼的砖房。

贺锦斋在这里见到了贺龙的家属，他把贺龙在上海的情况作了详细介绍，然后转告了贺龙的嘱咐，要她取出些存款来，准备买枪。

时局动乱，银行倒闭，过去那些存单实际上变成了废纸，根本兑不到钱。贺龙的家属仍然设法变卖家里能卖的东西，拼凑了一笔钱，托人买了4支手枪，交给了贺锦斋。

通过贺春轩的活动，又找到了在广东被打散的连长朱炳章等七八个人。这时，贺锦斋也同湖北地下省委取得了联系。

当时，中共中央在鄂主持工作的罗亦农根据周恩来的介绍，代表湖北省委批准了贺锦斋加入中国共产党，并为他举行了入党宣誓。贺锦斋站在党旗前，庄严地宣誓：吾将吾身交吾党，誓为人民灭豺狼！

随后，贺锦斋与省委一起制定了在荆江沿岸开展武装斗争的计划，便带着贺春轩、朱炳章等人，乘船赶赴荆江地区。

当时，荆江两岸的革命群众斗争很活跃，农民暴动风起云涌。八七会议后，湖北省委制定了《湖北省秋收暴动计划》，提出了“立即领导农民起义，杀戮土豪劣绅，打倒土豪劣绅复起的火焰，引起乡间极大的骚动，用抗税抗捐，以动摇武汉政权的统治，使其不能出兵去江西及其他省份压迫革命”的斗争方针。同时把全省划为 7 个区，派省军委秘书黄鳌到荆江区领导工作。贺锦斋到荆江地区后，立即投入这场如火如荼的斗争中。他在黄鳌的领导下，很快组成了一支五六十人的游击队。

由于贺锦斋是贺龙部队的师长，义旗一举，方圆左右的苦难渔民、农民纷纷而至，要求参加队伍。不多日，这支队伍就发展到上百人，成为当地农民武装斗争中一支活跃的力量。

重新回到武装斗争革命洪流中的贺锦斋，激情高涨。当他听到毛泽东在湘赣边界领导了秋收起义，朱德、陈毅等也从粤北回到了湘南的重要消息时，更是心潮澎湃、热血沸腾。他仿佛看到一场更大的武装暴动正在全国各地兴起，革命的高潮很快就要到来。他怀着满腔激情，写下了如下这首词：

花好正含苞，色胜鲜桃，一遇春风即吐娇。飞遍全球成硕果，自信非遥。

反动命难逃，挣扎徒劳，革命巨浪比天高。试看湘南与粤北，滚滚波涛。

贺锦斋的游击队扩大以后，摆在眼前的紧迫任务就是要从敌人手里夺取武器武装自己。石首县藕池附近的一个大庙里驻扎着一个团防，有 30 多个兵。他们白天持枪到乡村干着派捐款、抢财物的勾当，夜晚就在庙里赌钱打牌，大吃大喝。老百姓恨透了他们。

贺锦斋了解这一情况后，决定去偷袭夺枪！

听说要打团防，队员们都很高兴，但有的也有顾虑：认为我们人虽比他们多，但武器少，要去夺团防的 30 多条枪，能行吗？

贺锦斋说："行！你让几个队员去买鞭炮，再向老百姓借几个铁皮桶来。"

傍晚，贺锦斋带领游击队悄悄向藕池大庙奔

去。天正下着雨，外面一片漆黑。贺锦斋与滕树云、朱炳章、贺春轩等人披着雨衣，别着短枪，走在最前面。

庙的周围，是一片密密层层的树林子，比较容易隐蔽和接近。当贺锦斋带领游击队员将庙宇围住时，发现庙外站岗的哨兵正缩着脖子靠在一根柱子边闭目养神。

贺锦斋对身边的滕树云说："动作麻利一点，先把这个家伙干掉。"

紧接着，贺锦斋带人冲进庙里，厉声喝道："不许动，你们被包围了，要想活命，赶快投降！"

雪亮的煤气灯下，团丁们正在打牌赌钱，被这突如其来的喊声，吓得呆若木鸡。一个当官的正要掏枪，被眼尖手快的贺锦斋一枪打死。

这时，庙宇周围的树林里突然响起激烈的枪声和"冲啊！杀呀"的喊声。团丁们见当官的已被打死，只好乖乖地举手投降。

这次突袭，使游击队的武器装备得到较大的改善。队员们对贺锦斋用鞭炮造势的想法很欣赏，称赞他既有勇又有谋。

一天，贺锦斋得到情报，停靠在石首城码头边的那艘大轮船上装有武器弹药，老板叫李占轩，是重庆人。船舱里还有持枪的哨兵站岗，一般人不许随便上船。

贺锦斋决定去拜会拜会李占轩。他扮成一个穿戴阔气的绅士，带了几个“跟班”来到码头上，大摇大摆地朝轮船走去，他对哨兵说：“我要拜会李老板。”

“什么事？”哨兵问。

“这你不要问，快去请李老板下来！”贺锦斋显得十分傲慢。

哨兵不敢多问，进舱去请李占轩。不一会儿，李占轩头带绅士帽，身穿黑马褂，手里燃着一支香烟，慢吞吞地走了出来。他刚走下扶梯，贺锦斋上前一把抓住他的手，迅速用手枪顶在他的腰间，厉声道：“不许喊，当心我一枪敲了你！”几乎同时，其他几个“跟班”也把哨兵的枪夺了下来。

看到来者如此神速、敏捷的动作，把李占轩吓出了一身冷汗，连忙问：“诸位是……是……”

“我们是游击队，请跟我们走一趟。”李占轩不敢违拗，硬着头皮，跟着游击队往前走。到了游击队队部，贺锦斋让队员搬来一把椅子，请李占轩坐下，客客气气地请他喝茶。李占轩结结巴巴地说：“贵军传鄙人前来，有……有什么事吗？”

贺锦斋坐在李占轩对面，从容不迫地说：“请你来不为别的，就是要你把船上的武器弹药交出来。”

李占轩连连摇头，说自己历来经商，船上从来不装枪支弹药，而且表示愿意拿脑袋担保。

贺锦斋说：“你要是没有武器，为什么武装押运？”一时问得李占轩回答不上来。贺锦斋接着说道：“你要是不愿交出来，那我只好借你的脑袋作抵！”说完，突然站起身来，吩咐道：“把他拉出去毙了！”

李占轩的脸色刷的变了，跪在地上，连声求饶：“长官，只要不杀我，我什么都交！”

“真的愿交？”

“愿交，所有枪支弹药，统统都交。”

贺锦斋说：“那好，只要你交出枪支弹药，我可以保证你的性命安全！”

李占轩回到船上，乖乖地叫人把船上的武器弹药全部卸了下来，送给了游击队。在不到两个月的时间里，贺锦斋领导的游击队就发展到 100 多人、100 多条枪。

威震荆江

1928 年 1 月中旬，贺锦斋带领游击队在洪湖藕池打土豪，没收了 1000 多两黄金，他立即派两个族侄贺学定、贺桂如去汉口送给中共湖北省委。这已经是贺锦斋第三次为中共湖北省委送经费了。贺学定、贺桂如到达省委送完钱后，正巧遇见了刚从上海回到汉口，准备组织武汉三镇年关暴动的贺龙、周逸群，还有中共特工科的卢冬生等人。贺龙连忙亲切地问道："你们两个从哪里来？"

"从藕池来。"

"来这里做什么事？"

"奉锦斋叔叔之命，给省委送钱来的。"

“好啊！这是雪中送炭啊，省委准备组织暴动，正缺少经费呢。锦斋在藕池吗？”

“我们没有固定的地方，在洪湖周围游动，已拉起100多人的队伍了。”

贺龙说：“好样的，干得不错。过一阵子我就去找你们。”

1928年1月15日，武汉国民党特务机关破获了中共地下党组织的一个印刷所，年关暴动计划泄露。国民党当局为了防备暴动，又是调动部队加强戒备，还派人沿街叫喊：“共产党要暴动了！所有人都不许参加，要严加防范！”致使受蒙蔽的人民群众纷纷回避。

形势突变，年关暴动计划无法实施。贺龙、周逸群决定去洪湖与贺锦斋会合。

1月18日，贺龙、周逸群、卢冬生等一行10多人从汉口包了一艘小火轮，由水路离汉，准备去湖南常德津市。在船上，贺龙从船工那里听说观音洲驻有一小股团防，当即决定停船“拜客”，打掉团防，夺取枪支。

团防队长见一艘小火轮正向他们靠岸，船上

的人气派十足，以为是上面下来的官员，连忙喝令团丁列队欢迎。贺龙上岸后，疾步上前，一把握住团防队长的手说：“我是贺龙，找你借几支枪！”团防队长闻声丧胆，一时说不出话来。这时，一个团丁举枪欲射，被卢冬生一枪击毙，其余团丁见势不妙，慌忙弃枪投降。船上其他随行人员见机迅速动手，收缴了团防的全部枪支、子弹。此次共“借”得长枪 6 支、短枪 4 支、子弹 200 多发。

随后，江轮又在江上行驶了大约 3 个时辰，到了湖北监利县一个叫反嘴的地方，只见长江北岸的几间草屋旁站着许多人，纷纷向江轮招手喊话。

由于相距较远，一时看不清这些人的面孔。江轮靠近后，贺龙、周逸群等提着枪向岸上一瞅，不禁惊喜万分。原来，岸上站着的正是贺锦斋，还有滕树云、贺春轩，其他人虽然不认识，但估计都是贺锦斋带来的。只见贺锦斋头戴一顶旧毡帽，身穿一件棉布长袍，飞也似的跳上船，一把抱住贺龙，激动万分地说：“常哥啊，总指挥啊，可把你盼来了！”他又扑向周逸群，紧紧握住他的手说：“周主任，我们是三辈子缘分哪，又重逢喽！”

说完，朝岸边那一群人挥臂大喊："我们的总指挥来喽！"

这意外的会合，使岸上、船上的人全都欢呼起来。

贺锦斋的队伍有一百七八十人，有的还是参加过南昌起义的老战士。贺龙很激动，挥舞双手，大声说道："我们又见面了！千转万转又转到一起来了。当年，我们有 2 万多人，可惜被敌人打散了，这算不了什么。你们干得好啊，比我贺龙还干得早，有成绩。从今天起，我们一起干，我加入你们的行列，要不要我啊？"大家欢呼着，全场掌声雷动。

一行人上了岸，贺龙坐下来问周逸群："我们先在这里搞起来，怎么样？"

贺锦斋接过话说："我们不是已经搞起来了吗？"

贺龙说："你只搞了一半，拉了队伍，没搞暴动。"

贺锦斋不明白，他打了几个大土豪，拉起了队伍，给省委送了 3 次钱，这还不是暴动？贺龙见锦斋有些不解，说：“你问问逸群就明白喽。”

周逸群说：“八七会议以后，中央专门给湖南和湖北发了指示。11 月，中央又作出决议，要求进一步在乡村进行土地革命，解决农民的土地问题。锦斋呀，你们搞得虽然不错，可还算不上真正的暴动。”

贺锦斋说：“洪湖地区，上起荆州、沙市，下到河阳，这江阔的地域，到处是河湖港汊，有不少土豪劣绅就出没于烟波浩渺的大湖之中，与官匪勾结，残酷镇压农民的革命力量，若不消灭这些坏东西，不搬掉障碍，我们的革命斗争就不好开展，群众就不易发动。”

贺龙接着说：“在乡下搞暴动不像在城市，根本不需要几万甚至几十万人的军队，我们人少，他们也人少，武汉三镇的年关暴动虽未按计划进行，但选择的日期我是很赞成的。现在来到乡下反嘴这个地方搞暴动，我看也应当选在明后天。年末岁首本来是人们过好日子的时候，由于土豪劣绅催租逼债，贫苦百姓不能回家，我们一动手，就扩大了影响，发动群众就容易多了。”

虽然贺锦斋对中央给湘鄂省委指示的意义还没有完全理解，但因为贺龙、周逸群的到来，使他感觉到这艘小舟又有掌舵人了，革命道路方向又更加明确了。他即兴赋诗一首：

荆江两岸是平原，水陆交通敌占先。
建立苏区须择地，中央指示割双边。

此刻的荆江两岸正是“山雨欲来风满楼”之时。就在贺龙、贺锦斋带领大家研究如何开展暴动之时，不远的江堤上走来一群破衣烂衫、拖家带口的农民，不像是赶集，又不像是走亲戚，倒像是逃荒要饭的。贺锦斋感觉奇怪，这就要过年了，一家老小上哪儿去？他上前一问，原来是一群躲债的农民，财主天天上门催租逼债，逼得他们实在过不下去，只好跑出来准备在江堤边躲过这个年关。乡民们反映，反嘴共有 4 个土豪劣绅，罪大恶极的要数团防总司令张定勋。

“张定勋这家伙太可恶了！一定要除掉他不可！”贺龙气愤地说道。

“如果要干掉张定勋，凭我们现在的力量，可能难以得手。那家伙依仗团防司令的身份，人多势众，又有不少受蒙蔽的群众拥戴他，干掉他不容易。”贺锦斋有些担忧地说。

“擒贼先擒王，张定勋为当地土豪劣绅之王，我们就当王中之王。干掉了张定勋，其他土豪劣绅就不敢张狂了。同时，我们在反嘴就站住了脚，有了群众基础，什么事情都好办了。”

第二天，贺锦斋带着乔装的侦察员出发了。侦察员探听到张定勋一大早就坐着大轿外出了，晚上必定要回家守岁，迎接新年。于是，贺锦斋带着队员隐蔽在他必经的江堤的芦苇丛中。傍晚时分，洋洋得意的张定勋坐着八抬大轿，带着十几个狗腿子出现在江堤上时，贺锦斋带着游击队员冲了出来，先是制服了狗腿子，然后把张定勋的轿子围得严严实实。

贺锦斋手握短枪，顶住轿夫厉声问：“轿内是什么人，大年三十还耀武扬威什么，快出来，叩见斋公。”

“你是什么人，胆敢在我反嘴逞能，连张团总也不认识了？”张定勋还在神气十足地抖着他的威风。

贺锦斋厉声说道：“我是贺龙领导的部队，特来此地，送你去西天一游。”说完，举起手枪“叭”的一声，一颗正义的子弹结果了张定勋的性命。狗腿子们见状吓得浑身发抖，纷纷跪地求饶。

解决了张定勋，贺锦斋带着缴获的枪支和钱物返回驻地，贺龙看到他们胜利归来，眉心舒展，表扬贺锦斋干得好：“你旗开得胜，为人民除掉了一大祸害，穷苦大众会感谢你的。”

贺龙征求周逸群的意见后，回过头来对贺锦斋说：“我们要发扬连续作战的作风，今晚继续行动，干掉其他几个土豪劣绅。如果他们知道张定勋被宰的消息，肯定会联合防范，那就为我们干掉那些乌龟王八增加了困难，你说对吗？”

“常哥之见，正合我意，应该一鼓作气地去收拾他们。好让广大人民群众过上一个安定自在快乐的新年。”

“这就好，你的想法与我和周书记的想法一致。那么，我们三人各带一队人马，分赴另外三家

‘拜年’。要注意的是，如果发现大敌，不可恋战，迅速返回。如果顺利得手，也速战速决，以援其他两路。一句话，见机行事，不误战机。”

1928 年 1 月 23 日，一大清早，贺龙、周逸群、贺锦斋分别动身给大土豪去“拜年”。

贺龙带着一行人来到大土豪李振涛家时，李振涛正在家里与人喝酒。他来到院子打量着这群不速之客，心里七上八下，连忙叫人用茶盘端出银圆说：“兄弟一点心意，给各位大哥接风。”

贺龙脸色一沉说：“李振涛，我是贺龙。”李振涛听后吓得连忙扭头就跑。贺龙拔出手枪连开两枪将李振涛击毙。贺龙忽见屋里摆着一面大鼓，于是，找来笔在鼓面上写下一行字：“杀尽天下土豪劣绅。”落款“贺龙”。就这样，接连两天，三路英豪都得心应手，反嘴的 4 个土豪劣绅先后被一扫而光。

贺龙、周逸群、贺锦斋等人在反嘴的举动，在当地引起了极大的震动，也受到监利及附近中共县委的高度关注。不几天，监利、石首、沔阳、华容等县委领导来到这里召开联席会议，决定趁旧历新年之机，动员各地群众举行年关暴动。同时决定将鄂中特委领导的萧仁鹄部、石首中心县委领导的吴先洲部，与贺锦斋部合并，成立第49路工农革命军。

1928年2月1日，3支革命武装会师下车湾，正式组成第49路工农革命军，下辖两个大队，统一由湘西北特委指挥，周逸群任前委书记，贺龙任总指挥，贺锦斋任军长。全军共500多人、300多支枪，把原来分散的革命武装集结在一起，形成了一支打击敌人的拳头力量。

智取车湾匪霸

荆江地区对农民和渔民的残酷剥削和压迫，除了土豪劣绅之外，还有大批的土匪及团防武装。

车湾有个土匪头目叫张烟灰，手下有100多人、七八十条枪，他作恶多端，经常打击和破坏农民协会。贺锦斋初建武装时，曾与他有过联系，但没有深入接触。

贺锦斋向贺龙报告说：“我从建立游击队武装到现在，基本上与张烟灰互不侵犯。他是一支带有一定政治色彩的土匪，是国民党反动派的忠实走狗，抓兵派夫最为卖劲，袭扰百姓不遗余力，害得当地百姓苦不堪言。过去由于我们自身力量弱小，动不了他。现在，第 49 路军已经成立，革命力量已远远超过了他的力量，我看是解决他的时候了。”

“你与张烟灰既然是熟人，我们可以以熟制熟，智取他！你想个办法，让我们打进他的内部，攻破这个堡垒，顺势缴他的枪，这比硬干好得多。”贺龙提醒说。

“打进内部很容易。他的名字叫烟灰，喜欢的就是大烟，我们给他送大烟，就能做他的座上宾。”贺锦斋说。

“好吧，我们就撒饵钓鱼备烟去吧。”

过了几天，贺锦斋亲自写信，请张烟灰来抽大烟，共商有关事宜。张烟灰也想趁机接近一下贺锦斋。于是，他身带两支驳壳枪和 70 多名土匪如约而至。贺锦斋热情地款待着他，一边侍候着他抽烟，一边安排贺龙作陪。

张烟灰见烟不要命，美美地享受着大烟，贺龙喝着茶与他聊着天。当聊起四川的一些著名将领时，贺龙向他自我介绍说："我就是贺龙。"张烟灰一听闻名遐迩、威震四方的贺龙就在眼前，傲慢的神情顿时收敛了起来，唯恐巴结不上。贺龙提出要看他的手枪，他就乖乖地递了过来。站在一旁的卢冬生见时机已到，出手一枪，将他打倒在地，其他匪徒见张烟灰已死，便作鸟兽散。

上车湾还有个土匪头子叫易蜀，外号易大哥，手下也有百十余人、几十条枪。他们经常入村强抢民女和财物，弄得邻近几个村鸡犬不宁。贺锦斋初建队伍时，易蜀几次想拉他入伙。当时，贺锦斋虽然对他恨之入骨，但人枪不够，既没让他拉拢，也没有干掉他。现在人枪多了，又有周逸群、贺龙的领导和指挥，消灭这股土匪，易如反掌。贺锦斋把情况汇报以后，周逸群说："总指挥，我们再接着打一个漂亮仗吧！"

"行！"贺龙思索了一会儿说："锦斋，我看以你的名义，答应让他收编，请他来谈条件。他来了就由不得他了。”

贺锦斋听了贺龙引蛇出洞的计策后，胸有成竹地说：“总指挥放心，我给易蜀写一封信，他肯定不会怀疑，一定会来赴宴的。”

贺锦斋把写好的信念给贺龙听，贺龙连声赞道：“不错，不错！言简意赅，快派人送去。”接着又说道：“知我心者莫过于你也。论赋诗写文章，你比我多读几年书，你是我们贺家的诗人文人。要知道，革命就需要你这样的知识分子。”

易蜀果真被贺锦斋的书信所打动，马上回了信，第二天便带着手下的一帮兄弟，担着鱼、肉、烟、酒和绫罗绸缎等礼物，坐一只大木船，威风凛凛地向车湾驶来。

时值数九寒冬，朔风猎猎。站在船上的易蜀却显得春风得意，他做着吞并贺锦斋后称霸一方的美梦，不时地督促船工加快速度。

贺锦斋带着士兵，等候在车湾码头，见易蜀的船就要靠岸时，吩咐士兵朝天开枪，以试探易蜀的反应。哪知枪声一响，吓得易蜀大惊失色，大叫：“不要开枪，不要开枪，我们是来赴约的……”

听到枪响的易蜀心生疑惑：莫非贺锦斋心存歹意？

贺锦斋听到易蜀的喊声，停止了射击，立即又让战士列队欢迎。

船靠岸了，贺锦斋连忙向易蜀走去，握着他的手说：“老兄，大驾光临，不胜欣慰。事成有期，正中下怀。刚才鸣枪数响，实为礼炮几声，以示欢迎。”

易蜀听后顿释疑团。他见贺锦斋态度诚恳，礼仪隆重，非常高兴。一行人来到车湾饭店，贺龙、贺锦斋、周逸群与之共同进餐。席间，贺龙站起来，举着酒杯对着易蜀说道：“弟贺龙，既是锦斋之堂兄，又是通缉之要犯，愿与易兄共饮，不知可否干杯？”

易蜀听说是贺龙，吓得胆战心惊，掷下酒杯，起身就准备逃跑，正遇扮厨送菜的卢冬生赶来，将易蜀一脚踢倒在地，迅速把他捆了起来。贺锦斋击枪为号，楼下的士兵一齐动手，将与易蜀同来的随从全部捕获。

贺龙一声“送客”，卢冬生和贺锦斋把易蜀押下楼，结束了他罪恶的一生。

灭掉了张烟灰和易蜀两股土匪，荆江两岸的其他小股土匪逃之夭夭，贫苦百姓欢呼雀跃，革命斗争出现了可喜局面。

1928 年 2 月 18 日，第 49 路军应中共石首中心县委的要求，攻打监利县城。监利县城又称容城，坐落在长江北岸，一面临江，三面平坦开阔，城垣坚固，且有护城河，是一座易守难攻的城池。攻城前，贺锦斋派人进行了侦察，得知城内只有敌军一个团防的兵力在防守。恰在此时，国民党第 35 军门炳岳第 1 师的两个团抢先入城加强了防守。

第 49 路工农革命军在没有进行攻坚训练、无重武器、装备不足的情况下，仍然决定奋勇攻城。作战时，特委全体动员，贺龙、周逸群等均携带枪械同士兵一道前进。攻城战斗打响不久，两位大队长史书元、滕树云就光荣负伤，使部队士气大挫。这时，停靠在长江上的敌军舰也向攻城的部队开炮轰击，工农革命军腹背受敌，伤亡 200 多人。

贺锦斋当即建议："总指挥，我们的情报有误，敌人增加了援兵，我们已陷入腹背受敌的境地，部队伤亡很大，应该马上撤出战斗。"

贺龙当机立断，命令部队撤出战斗至华容砖桥休整。他召集第49路军干部在石首焦山河召开会议，讨论下一步的行动方案。会议决定，贺龙、周逸群、贺锦斋、卢冬生、黄鳌和石首中心县委宣传部部长李良耀等带少数人，按中共中央原定计划前往湘西北开创革命根据地，其余的人留在洪湖地区，继续开展游击斗争，并相约半年后在公安会师。

会议之后，贺锦斋想到就要离开自己亲手创建起来的队伍，要与并肩战斗的同志们分开了，痛苦的心情难以言表。他深知，更艰难的道路还在前面，但跟着贺龙“上山打虎、下海擒龙”的革命决心永远不会改变。转移之前，他作诗言志：

战地转移已觉忙，家囊检点只刀枪。

时逢烽火漫天夜，冒死随兄过大江。

04 桑植勇士

惊险归故里

1928年2月20日，贺锦斋与贺龙、周逸群、卢冬生、黄鳌、李良耀等一行10余人化装成商人，按照湘西北特委原定计划，急忙向湘西桑植县洪家关行进。一路经过许多市镇，发现都驻有国民党军队，巡查很严。为避免发生冲突，有的地方他们只好绕道而走。

贺锦斋既兴奋，又格外小心谨慎。他离开家乡整整10年了，桑植会变成什么样子？结婚后在一起生活不到一个月的妻子戴桂香，这10年中又是过得怎么样？因忙于战事，东奔西走，平时根本无暇顾及，现在就要回到家乡、回到心爱的妻子身边了，他的思念更加迫切。一路上险情不断，要确保特委领导人的安全，他又一时一刻不敢松懈。

这一天，他们来到湖南澧县境内的一个小镇子，日近中午，大家又饥又渴，决定进镇找点吃的。恰好有一临街饭铺，他们进去要了些饭菜，正准备吃时，忽然外里街面传来嘈杂的脚步声。贺锦斋急忙掏出武器，准备战斗。贺龙摆摆手说："莫急，先搞清楚情况再讲，我去看看。"贺锦斋和卢冬生拦住他说："我们去，你树大招风。"贺龙笑着说："在这块地方，我当过镇守使，树大招风不假，树大也能挡风呢！"

贺龙刚一出门，十几个兵丁就向饭馆涌了过来。一个当官模样的人发现了贺龙，先是一愣，接着跑过来，毕恭毕敬地立正向他敬礼。

贺龙问道："你是谁？"

那人回答："报告军长，小的在你当镇守使时，在你手下当过班长，现在是临澧县团防警备大队的大队长。"

"今儿你是来抓我的？"

"小的不敢，军长大德，小的永世不忘。不

过，南京武汉方面都下了通缉令，要抓军长。武汉方面已严令湘鄂西各团防，对来往行人严加盘查，请军长还是小心为好。”

贺龙旧部向他报告的情况全是实情。自打贺锦斋、贺龙在洪湖地区组织暴动后，蒋介石即令桂系军阀第 18 军军长、湘鄂西“剿共”总司令陶钧，要其抓住贺龙，就地正法。同时电令湘西王陈渠珍、湘军第 11 师师长李觉，捉拿贺龙，不得有误。

贺龙一行吃完饭，谢过旧部，便继续西行。第二天黄昏时分，他们赶到了慈利杨家溪，大家决定在这里落脚过夜。

贺锦斋正要寻找住处，忽然听到有人喊他：“贺师长，是你啊！怎么到这里来了？”

贺锦斋一看，惊喜地喊道：“是杨玉仁？你咋在这里？”

“师长，这就是我的家呀！自从部队散了后，我就回家办了个山货店。”

贺锦斋转过头向大家介绍说：“这是我原第 1 师警卫营的杨玉仁连长，很不错的人，20 岁刚出头就当连长，带兵打仗很有几手。”

杨玉仁说道：“师长，天这么晚了，还去其他地方吗？要不就到我家去住吧！”

贺龙见是老部队的人，就同意了。

杨玉仁十分高兴地领着大家进屋。坐定后，贺锦斋指了指紧靠着墙烤火的贺龙说：“玉仁，这是哪个？你还认不认得？”杨玉仁借着火光，仔细一瞅，心猛地一惊：“啊，总指挥。”贺龙连忙抬起手，示意他“莫要大声”。杨玉仁做梦都没想到此时此刻能遇到贺龙和贺锦斋。他忙着准备饭菜，安排铺盖去了。

不一会儿，杨玉仁的伯父杨成吾慌慌张张地跑来告诉杨玉仁，说：“你家来了什么客人？今晚挨户团要来搜查，快叫他们准备对付。”

原来，贺锦斋一行在东岳观渡澧水时，当地挨户团的一个团丁也混上了船。当时河风很大，贺龙大衣里的短枪，被那个团丁发现，回去后报告了挨户团。于是，挨户团带着 30 多个团丁埋伏在村后的山头上准备偷袭，缉拿贺龙。

贺锦斋得到情报，觉得此处也不安全，商量

决定连夜转移，到江垭去找贺龙的旧部徐小桐。贺龙一行在江垭受到徐小桐的热情款待，住了一晚稍作休整后，第二天，徐小桐派人护送着平安出境。

从江垭前往桑植，要翻越一座高山茅花界。因为山太高，茅花界山上不生长树木，只生长秋季开白花的大芭茅。山高路远，荒无人烟，贺锦斋见大家走得人困马乏，便想给大家唱上一段，活跃活跃气氛。于是，他对周逸群说："周书记，我问你几个问题，看你答得上来不？"

"行，行，行。"周逸群满口答应。

贺锦斋轻轻地唱了起来："什么吃草不吃根？什么睡倒不翻身？什么肚里长牙齿？什么肚里长眼睛？"

周逸群想，这是什么歌？怎么才对答得出来呢？他摸了摸脑壳说："这种歌，我是第一次听到，实在不知道如何对答才是。恕学生无知，请先生先做个示范，以后学生就懂了。"

贺锦斋应了声"好"。他接着唱道："镰刀吃草不吃根，石头睡倒不翻身。磨子肚里长牙齿，灯笼肚里长眼睛。"

“周书记，就这么答，懂了吗？”

“懂了，你再唱来，我一定回答。”

贺锦斋又唱了起来：什么团团团上天？什么团团在江边？什么团团街前卖？什么团团姐跟前？

“这种提问，我才不答呢，什么团团团的，我只知道油坛、酒坛、盐坛、瓷坛。”大家听了周逸群的话，都捧腹大笑起来。

贺锦斋继续唱道：月亮团团团上天，团鱼团团在江边，饼子团团街前卖，麻篮团团姐跟前。

“这是什么歌，分明是出难题。”周逸群笑道。

“这就是专门出难题的歌，在桑植叫它解歌或是盘歌，解歌就是解答歌，盘歌就是盘问歌。唱这种歌，如果对答如流，足见机智灵活、知识丰富。”贺锦斋解释说。

从上海西行以来，特委一行都是在紧张气氛中行动，今天到了贺锦斋的家乡，大家才谈笑风生、歌声不断，不知不觉进入了桑植境内。

他们正行走间，突然在丛林中遇到一群百姓，其中一个汉子认出了贺龙，他上前说道：“贺胡子，前边去不得，陈策勋已经在前面布下天罗地网，正等着你们呢。”

贺龙返乡，桑植的反动派早有耳闻，尤其是在原国民革命军第 20 军担任过机枪营长的陈策勋，他从武汉叛逃回桑植后，出任了桑植县团防队长，后又当上了保安团团长。陈策勋千方百计打听贺龙回乡的消息，一心想寻找机会为伯父陈图南报仇，与贺龙清算家仇恩怨。这次，陈策勋把手下的 4 个大队安置在贺龙回乡必经的土地垭几个要道上，企图将贺龙一行一网打尽。4 个大队的大队长，除第 4 大队钟慎吾外，其他 3 个一个比一个坏。

贺龙从百姓口中得知钟慎吾就守卫在竹叶坪。他对周逸群说：“前边就是竹叶坪，钟慎吾是我的旧部，与我的交谊很深。”接着他又对贺锦斋说：“文绣，你去趟竹叶坪，就说我来了。”

贺锦斋走后，贺龙等人就在林中休息。两三个小时后，贺锦斋、钟慎吾带着几个人回来了。钟慎吾异常兴奋地上前拉着贺龙的手说道：“胡子，你可把我想死了啊！”

贺龙紧握着钟慎吾的手说：“慎吾，怎么样，手下有多少人？”

“有百十来人，你来了都交给你。”

贺龙又把周逸群、卢冬生等向钟慎吾作了介绍。大家彼此相见，分外高兴。钟慎吾带着大家进入竹叶坪。

到了竹叶坪，钟慎吾为贺龙、贺锦斋等人接风。席间，钟慎吾把桑植的情况介绍了一番。叹息道：“桑植这地方，真是多灾多难。自你走后，兵匪未断。永顺的萧善堂，大庸的周铁鞭，慈利的朱凯际等一帮恶霸，带着他们的人马，轮番数次攻占桑植城，祸害百姓。如今桑植城，有‘八大诸侯’把持。”

贺龙骂道：“一群王八蛋！他们都是谁？”

钟慎吾一一说出了他们的名字和罪行。最后说道：“与陈策勋最铁也是最坏的数陈黑，如今守着陈家坪，要在那里等着抓你。”

贺锦斋说：“陈家坪地势险要，有‘一夫当关，万夫莫开’之说。等我们的人马齐了，一定去收拾这狗东西。”

贺龙把桌子一拍，说道：“还等什么？趁陈黑还没醒过梦来，我只身进入陈家坪，给他一个黑虎掏心！”

贺锦斋和周逸群等人都认为太危险，不同意贺龙去。但贺龙决意已定，谁也劝说不住。于是，他化了装，骑上快马直抵陈家坪，干掉了正在吸大烟的陈黑。

陈策勋听说贺龙杀掉了陈黑，十分震惊，他把指挥部搬到了去洪家关的必经之地空树壳镇，立誓要亲自捉拿贺龙。

贺龙了解情况后，与贺锦斋、周逸群等人分析了当前的局势和肩负的重任，权衡利弊后，决定绕过土地垭，改道经麦地坪去洪家关。

1928 年 2 月 28 日，贺锦斋随湘西北特委贺龙、周逸群等人一行，历尽 8 天的千辛万苦，闯过重重险关，终于回到了洪家关。

贺龙的大姐贺英，听说贺龙回到了洪家关，立即带着几个士兵飞马而来。她身穿粗布衣，头上绾着粑粑髻，腰中别着短枪，尽显巾帼英雄之势。自贺龙南昌起义失利的音信传来后，凶信一个接一个，有的说死于乱军中，有的说被国民党军就地正法了，这些恶语贺英虽不相信，但内心亦焦虑。她一直到处在打听贺龙的消息，现在有消息了，而且回到了桑植，使她喜出望外。当姐弟俩见面时，贺英还以为是在做梦。她看了看外面，阳光灿烂，握了握弟弟的手，温热柔软，喃喃地说道："真是你呀，常常！我这颗悬挂半年多的心终于可以放下了。"说完，泪水不由自主地夺眶而出。她把自己带的队伍全都交给了贺龙。

戴桂香惊喜地站在欢迎的人群中间，简直不敢相信自己的眼睛，这就是她日思夜盼、整整 10 年未见的心爱的丈夫锦斋吗？锦斋壮实了，还是那样英俊帅气，更显威武干练。3600 多个日日夜夜，多少次为他担心彻夜难眠，多少次思念把泪水哭干！她望着锦斋，想喊又不敢喊！常在心底里呼喊千百遍的名字，今天怎么也叫不出口啊！

贺龙和贺锦斋返乡的消息不胫而走，被国民党反动派害得妻离子散、家破人亡的桑植人民又有希望了。当贺龙走进被国民党匪徒烧了多次，仅剩下两间破屋的院子时，院子里已被乡亲们挤得水泄不通。他们热烈欢迎贺龙，向贺龙诉说各自的痛苦遭遇，要求贺龙带领他们继续闹革命，为死去的乡亲们报仇雪恨。

贺锦斋回到一别 10 年的家乡，见此情景，无限感慨，群众的革命热情深深地激励着他。他用诗记录了当时的动人情景和自己的斗争决心：

大地乌云掩太阳，一朝消散又重光。
忽闻各处人喧闹，胡子果然转故乡！
故乡匪势太凶顽，害得人民苦不堪。
拔苦须先除暴戾，此身誓把责承担。

上马战斗下马作诗

贺锦斋随贺龙、周逸群等抵达洪家关的当天深夜，湘西北特委在贺龙家里召开紧急会议，研究宣传发动群众，联络和争取各地方武装，迅速建立起义军，组织桑植起义等问题。

会议刚一开始，对面的鹰嘴山上忽然传来

“叭叭叭”的一阵枪响。枪声就是敌情、就是命令。为保护特委的安全，贺英率领她的游击队和洪家关的300多名群众，立即前去搜山。一时间，灯笼火把遍布鹰嘴山，搜山人员钻树林、踏荆棘，火光时隐时现，铁桶般围向鹰嘴山。

特委会议继续紧张地进行着。贺龙说：“我回来的消息，敌人已经知道，依我看，越早暴动越好。现在要做的工作很多，我们人手又紧，既要分工负责，又要团结合作，各人专门负责抓一两个方面的事，在完成分内工作的同时，协助其他各项工作的开展。”

周逸群说：“我们要干的工作不外乎两个方面，叫作文武得天下，用文的唤醒民众，用武的推翻旧政权，建立苏维埃。李良耀同志当过宣传部长，干过地方工作，有文化、有经验，建议他担任桑植县第一届县委书记，我和他就负责文的方面，专抓宣传工作。总指挥和锦斋同志都是本地人，熟悉情况，又在军事方面有独创见树，就负责武的方面，专抓军队组建工作，稳定局面，准备起义。”

贺龙插话说：“这个分工合理，切合实际，我赞成。我要补充的是协作问题，像锦斋，文的来得武的也来得，在宣传发动时请参考一下他的意见。周书记和良耀同志都不是桑植人，编出的歌子演出的戏，不一定对桑植人的口味，因此锦斋必须协助。”

贺龙又笑着对锦斋说：“你肚子里有墨水，就先拟点标语、口号、歌谣之类的东西贴出去，唱起来，让群众知道我们这次回来是干什么的。”

贺锦斋满口答应说：“好！这个任务我包了！这些年，反动宣传蒙蔽了人民群众的眼睛，老百姓受苦受难，深受其害。我们要把党的任务、方针、政策尽快让人民群众知晓，唤醒人民群众起来革命，共同打倒国民党反动派及其走狗。”

周逸群和其他人都十分赞同贺锦斋的想法，都说这个提议很好，期盼着这“歌海”之乡飘扬起共产党的歌声，人民群众的歌声。

会议结束后，贺锦斋带着这光荣的任务兴奋地回到家中，便一头扎进他父亲的书房里写了起来。

戴桂香独守着空房，一守就是10年。自16

岁时与贺锦斋成亲，新婚不到 1 个月，就送丈夫入川讨贼。他们在一起生活的时间虽然不长，但两人从小青梅竹马，感情甚笃。贺锦斋参军后，她在家里侍奉公婆，帮忙种地。她不仅人长得好看，结麻纺线、做鞋补衣，样样都会，村里的老老少少没有一个不夸奖她的。特别是贺锦斋当了团长、师长后，有人开玩笑说："你成官太太了！"戴桂香只是笑了笑，摇摇头说："这些我都不在乎，只盼望他早点平安归来。"

现在，贺锦斋终于回来了，却又不知道在忙什么。戴桂香想看个究竟。她冲了一壶热茶端进房去，只见锦斋正聚精会神地伏在桌上写着什么。

她把茶壶轻轻地放在桌上，站在旁边默默注视着丈夫。多才多艺的贺锦斋一口气写完十几条标语和口号后，抬头看见了妻子，他忽然觉得这 10 年对妻子的歉疚很多，同时又想到桑植县许多和他一样为寻求民族独立、人民解放而离家难归的热血男儿，想到众多同妻子一样长年在家守望的妇女……此情此景，令他想起了那首传唱久远的桑植民歌《马桑树儿搭灯台》，这不正是对他们现实生活的真实写照吗？凡是有马桑树生长的地方，就有灯台树在相伴，也正是有了桑植女性的真诚付出和忠贞守望，才有桑植男儿奋不顾身的拼搏精神。

贺锦斋望着妻子，歉意地说道："桂香，我走的这些年，让你受苦了。"他停了停，忽然像是想起了什么，又兴奋地说，"我改写一首歌词送给你吧。"于是，他提笔写道：

马桑树儿搭灯台，写封书信与姐带，郎去当兵姐在家哟，我三五两年不得来，你个儿移花耶，别处栽。

马桑树儿搭灯台，写封书信与郎带，你一年不来我一年等哟，两年不来我两年挨，钥匙不到耶，锁不开。

写完后，贺锦斋说："我把'男人去经商'改成了'男人去当兵'。就像是我们，还有更多的桑植青年……现在革命的任务还很艰巨，道路还很慢长，我不在家的时候，你要是想我就唱一唱吧，唱到革命胜利了，我就回来陪你。"

他一字一句地念给桂香听，并根据桑植民歌的曲调连贯地唱起来。桂香听后，连声说道："改得好，改得好！"于是，俩人一起轻轻地唱了起来，直到唱得两人泪流满面，唱得两颗挚诚的心紧紧地融化在了一起……

第二天，戴桂香就在一群年轻的媳妇中教唱。洪家关农历一、四、七逢场，在这段时间内，到处都能听到贺锦斋改写的《马桑树儿搭灯台》的歌声。

贺锦斋从小就喜欢唱民歌、打花鼓灯，现在他把革命的道理编成花鼓灯歌词。每逢赶场时，他以桌子作舞台，向赶场的群众宣传革命道理。贺锦斋唱道：

月亮起来照高楼，穷苦人家不自由，思想起来真难受。

早也愁，晚也愁，风餐露宿泪双流，何年何日是尽头？

村里到处刷满了"打倒土豪劣绅！""打倒国

民党反动派！”“打倒蒋介石！”“永远跟着共产党”“中国共产党万岁！”的标语，散发着火辣辣的歌谣传单。不少青年和小孩还把传单上的歌词用山歌调子到处唱了起来。其中一首是这样写的：

老子本姓天，家住澧水边。
有人来拿我，除非是神仙。
刀口对刀口，枪尖对枪尖。
有你就无我，你死我上天。

贺龙看了贺锦斋写的这些歌谣，赞扬说道：“写得好！写得好！真是上马战斗下马诗词！”

参与领导桑植起义

当时的桑植县境内，各种名目的武装力量相互交织，既有国民党湘军驻守，又有国民党反动政府为维护其统治的保安团和团防，他们坚持与人民为敌，双手沾满人民的鲜血，是革命的死敌。同时，也有为反抗地主资产阶级的剥削和压迫，为维护自身利益而组织起来的农民武装，他们同情人民，倾向革命。还有宗族性质的自卫武装，他们与国民党反动派有矛盾，平日散居各处，有事时集中起来进行自卫。

贺锦斋和贺龙、周逸群等回到洪家关后，对当前的形势进行了周密的分析，在一次特委会上，周逸群对贺锦斋说："锦斋同志，你是当地人，情况熟，关系也广，请你说说当前我们的主要敌人是哪些，哪些是我们可以团结和争取的力量？我们只有把敌人、朋友，革命的力量和反革命的力量搞清楚了，才能团结更多的革命力量，不然不好革命，甚至还会出大麻烦的呢。"

贺锦斋想了想说："从大范围看，我们的主要敌人是国民党反动派，远一点的是国民党第 34 军龙毓仁旅，驻守在石门；还有陈渠珍的向凤翔、姜文周两个团在永顺。近一点的就是盘踞县城的陈策勋、陈佑卿、刘景星这些保安团和团防。拥护共产党、愿意干革命的，除了贺英部、贺满姑部、李云卿部、王炳南部之外，谷志龙部、钟慎吾、文南甫等部，都是可以争取的力量，但这些需要我们去做工作。”贺锦斋停了停又说：“仅靠这些力量可能还是不够的，我们还要动员身边的更多的力量。现在看来，我们身边还有很多人受国民党的反动宣传影响太深，对我们跟着共产党干革命不是十分的理解，有的还担惊受怕。我的父亲就是这样的人。”说完，他看了看周逸群和贺龙。

原来，贺锦斋回来以后，成天在外面忙着发动群众、宣传革命，脚板很少落屋。父亲贺士奎对贺锦斋参加共产党有意见，认为这样会连累家庭。贺锦斋不同意父亲的看法，向他讲革命的道理，指出父亲认识上的错误，要他不要对国民党抱任何幻想。为此，父子俩进行了一番辩论和争吵，最终谁也没有说服谁。父亲又气冲冲地去找贺龙讨个说法。

贺士奎一见贺龙就质问道：“常儿呀，你丢掉好好的军长不当，为什么要当共产党，现在又回来倡红，你想贺氏家族灭绝吗？”

贺龙见叔叔正在气头上，于是耐心地对他说：

“士奎叔，这么多年来，国民党政府、封建军阀把咱老百姓害得还不苦吗？我之所以拿起两把菜刀闹革命，不就是为了能找到救国救民的道路吗？锦斋随我 10 多年，走南闯北，我们跟过北洋军阀、跟过国民党，又跟过共产党，打来打去，我觉得还是共产党好，我相信只有共产党才能救中国，才能救人民，才能让穷苦大众过上好日子。”

贺龙接着说：“如果说为了当官，我又何止是个军长呢？蒋介石还想让我当中央委员、当江西省主席呢！当官有权有势，日子也好过，可是想想灾难深重的国家，想想千百万受剥削、受压迫的工农群众，当国民党的那个官又有什么意思呢？我贺龙带着锦斋寻找救国救民的真理，南征北战搞了半辈子，我们好不容易才找到共产党，这条路是要坚定地走下去的……”

贺英也在一旁帮腔说：“文常和春生做的是对的，我们应当支持他才对呀！”

贺士奎被说得无言应对，但他还是有些担心，固执地说：“你们闯下大祸谁来管？你们一走，咱们在家的人可受不住啊！”

贺龙与贺锦斋一起返乡，引起了乡亲们的许多非议。在贺龙的亲族中，有的人对贺龙参加革命不理解。有的说贺龙不该加入共产党，有的说贺龙不该把带了十几年的队伍搞垮了，有的人甚至讥讽贺龙放弃军长不当，自讨苦吃。贺龙也想借此机会，向亲友们进行革命宣传。

贺龙说："我们要把革命的意义和目的通过各种方式向大家讲清楚，争取人民群众更广泛的支持。这方面还需逸群同志多做些工作。军事力量方面，谷志龙、钟慎吾、文南甫等，他们都是我的旧部，基本上是可靠的革命力量。除了这些力量外，还有不少远处的部队可以争取。鹤峰的王文轩部、朱发生部，慈利的徐小桐部、谷岸峭部，永定的覃甫臣部、吴玉霖部，石门的田少卿部，永顺的向登初部，本县的张东轩、廖静斋、伍玉阶、刘子维等部，对这些武装派系，我们要想办法团结拢来，尽量争取他们。"

于是，贺锦斋不顾个人安危，深入各地对各派系武装力量做说服、争取的工作，动员他们参加革命。许多人听到贺龙回来拉队伍后，纷纷响应，愿意接受收编。不到一个月的时间，就收编地方武装3700余人。

特委决定，正式成立湘鄂边工农革命军，由贺龙任军长，周逸群任党代表，黄鳌任参谋长，贺锦斋任第1师师长。

工农革命军成立后，贺龙认为革命军应该树立一面统一的旗帜。经过大家讨论，最后决定参照毛泽东领导的湘赣边秋收起义的旗帜，做一面工农革命军军旗，并拟定军旗长5尺，宽5尺，绣有镰刀、斧头和中国工农革命军字样，以示工农联盟。

特委把这一任务交给了贺锦斋，贺锦斋又把这事儿交给了懂裁缝、会针绣的妻子戴桂香。戴桂香在集市上买来红绸布、丝线和绣花针，找来心灵手巧的翁淑馨、贺望姑帮助一起绣军旗。经过三天三夜的努力，一面“中国工农革命军”的红旗在工农革命军誓师前终于绣制完成了。

1928年3月30日，桑植县洪家关方圆20余里以内的重要关隘加设了岗哨，严格检查出入洪家关的行人。洪家关内一派节日盛况，各路精英、四方百姓踊跃而至，参加工农革命军誓师大会。

誓师大会主席台两边，柏树枝绕柱，柱上贴着对联：“割据返湘西，聚义三千忠义士；拯民于水火，神州万里展红旗。”主席台正上方挂着“工农革命军誓师大会”横幅。主席台后壁正中央悬挂着戴桂香绣制的那面鲜红的工农革命军军旗。

上午10时，誓师大会在高亢激昂的歌声中开始了。首先是贺龙军长做动员讲话，接着是湘西北特委书记周逸群宣布工农革命军的军纪和宗旨，明确革命的任务，阐明革命的道理。贺锦斋带领队伍威武地站在广场中央，周围聚满了人民群众。

誓师大会进入高潮，周逸群领着全体战士举起右手宣誓：“我自愿加入工农革命军，坚决拥护党的主张……”誓师大会后，工农革命军随即转入紧张的集训。

4月2日，工农革命军在贺龙军长的指挥下，分三路向桑植县城逼近。中路军由贺龙、贺桂如率领，经文家垭，出蔡家峪，过八斗溪，直插县城北门；左路军由贺锦斋率领，从岩岗塔，越枫门垭，穿柏家冲，逼向东门；右路军由团长李云卿统领，绕南岔，跨澧水，奔汪家坪，冲向西门。

上午 11 时，工农革命军兵临城下，三路大军按时到达指定位置，把桑植县城团团围住。贺龙一声令下，各路大军向城内发起猛烈进攻，顿时城内枪声大作，硝烟弥漫。城内守敌陈策勋慌忙指挥所部陈佑卿、张东轩、张恒如仓促应战，不多时，敌人死伤无数。陈策勋见势不妙，命令部下拼命抵抗，自己则化装成普通百姓，带着马弁偷偷地从南门向西界大山逃去。

敌人的指挥系统失灵，而团防头子张东轩还在西门拼死挣扎，直至进攻西门的工农革命军冲杀进来，在城中展开巷战时，他才慌忙而逃。东门守敌陈佑卿自恃武器精良，极为猖狂，负隅顽抗。他在城墙上架起几挺机枪，对贺锦斋率领的左路军进行猛烈扫射，左路军前进受阻。就在陈佑卿得意忘形之际，贺龙、贺桂如所率的中路大军已破北门，右路大军李云卿部也冲进城中。中、右两路大军从两侧狠狠打击陈佑卿背部，陈佑卿见前后受到夹击，只好丢盔弃甲，从南门口水井湾逃出城去。

经过两小时的激战，工农革命军占领桑植县

城。当夜，湘西北特委在澧源书院举行会议，成立中共桑植县委，由李良耀出任县委书记，并着手建立革命政权，开展土地革命，改编部队，防止敌人反扑。

4月3日，工农革命军在桑植县城举行声势空前的示威游行，然后在校场坪召开夺取桑植起义胜利的庆祝大会，四面八方赶来的广大工农群众参加了庆祝大会。

庆祝大会后，以中共湘西北特委、桑植县委以及桑植县革命委员会的名义，颁发《工农革命军布告》：

蒋汪合流，出卖革命。三民主义，一纸空文。勾结洋人，庇护豪绅。压迫工农，残害百姓。军阀混战，筹饷拉夫。苛捐杂税，民不聊生。唯共产党，追求光明。国民革命，后继有人。打倒买办，打倒豪绅。平均地权，解放人民。诸军努力，依靠工农。武装斗争，革命成功。我军宗旨，护国为民。军风民纪，备极严明。所到之处，秋毫无侵。采买物品，概予现金。如有强迫，诈掳奸淫，一经察觉，立正法典。告尔商民，各业营生。郑重声明，安堵无惊。

桑植起义的胜利，拉开了中国共产党领导的湘鄂边武装斗争的序幕，极大地鼓舞了广大贫苦农民翻身求解放的信心。忙碌了一个多月的贺锦斋，终于看到了胜利的希望，心情更加激荡，革命斗志更加高昂。

与敌巧周旋

湘西工农革命军的成立和桑植起义的胜利，引起了敌人的极大恐慌。逃出县城的桑植保安团团长陈策勋，即向湖南省当局发去告急电。湖南省主席何键、清乡督办鲁涤平接到电报后，又急报南京。南京下令湘鄂黔三省，要趁贺龙立足未稳，一举荡之。

4 月中旬，贵州军阀令第 43 军驻湘西的第 3

师第5旅龙毓仁部，会同陈策勋保安团，杀向桑植县城，共同“围剿”湘西工农革命军。

由于工农革命军刚刚建立，武器装备七拼八凑，弹药奇缺不足，战斗力不强，扫荡团防还可以，但与正规军打仗，抵挡一阵后便不支了。激战中，钟慎吾不幸中弹牺牲。面对强敌的围攻，为保存革命力量，贺龙决定不能再战了，急令部队退出桑植县城，在梨树垭、三屋回等地迎战。

敌旅长龙毓仁见贺龙的队伍不堪一击，轻易就被赶出了县城，遂下令其部紧追不舍。工农革命军最终被冲散，贺龙、黄鳌带领数百人撤到苦竹坪一带，才摆脱敌人的追击。此时，他们与周逸群、贺锦斋等也失去了联系。

几天后，周逸群、贺锦斋、王炳南等人才与贺龙会合。大家见面，对钟慎吾的牺牲都伤感不已。

这天晚上，贺龙、周逸群、贺锦斋坐在一起谈心，贺龙长叹一声说：“真没想到，这些兵招过来容易，垮得也容易。”

周逸群说：“是啊，建立革命武装，不是简单的事，要做很多艰苦细致的工作。不能像抓豆子，抓来容易，手一松就散了。应当有一支骨干的队伍，在其中发挥凝聚力的作用。这次跟着我们干的队伍，什么想法的都有，大多数是想升官发财的。再有，我们的队伍也没有经过训练，这样的武装怎么能打胜仗呢？”

贺锦斋说：“还有一个很重要的原因，就是我们的军需供应跟不上。响应的老百姓也不是很多。”

面对工农革命军的受挫，贺龙总结教训说：“用旧的封建关系建立的革命武装，不经过彻底的改造是经不起风浪的。旧军队可以利用，但是在争取他们参加革命以后，一方面要发挥他们军事方面的长处，同时必须加强党的领导，加强思想改造，提高他们的政治觉悟，使之能够自觉地为革命事业而战。同时，革命的武装斗争，必须建立在发动群众的基础之上，依靠群众建立的革命武装才是最巩固的。”

周逸群边听边点头，他接过话说：“从目前的情况看，我们在石首焦山河会议上决定的6月间湘西部队和洪湖部队会师的计划，实现起来可能有一定的困难。我有个想法，我回洪湖去，与那里的同志一起把根据地建立起来，再迎接湘西的部队会师。”

贺龙听了，沉默不语，周逸群知道贺龙是舍不得自己走的，于是又继续补充说：“我走了，你们会干好的。我想，洪湖更需要我。”

第二天，贺龙、周逸群、贺锦斋、黄鳌、王炳南等工农革命军的领导人，在一间四面透风的房子内召开会议，会议决定周逸群重返洪湖地区领导建立革命根据地，贺龙、贺锦斋、黄鳌、王炳南等人留在湘西继续战斗。

1928 年 4 月下旬的一天，贺锦斋得到情报，说是国民党湘军要从贵州向桑植县城运送一批武器弹药和食品。贺锦斋想，这可是难得的机会呀！眼下部队正缺弹少粮，桑植城失守后，部队士气一直低落，打一次漂亮的伏击战，既能补充军需物资，也能提振士气。他与贺龙精心策划后，带领部分人员抄小路，直奔贵州到桑植的必经之路山羊溪，准备在那里伏击国民党的运输车队。

山羊溪地处凉水口与樵子湾之间，树高林密，山陡路滑，是打埋伏的好地方。贺锦斋把部队布置在最险要位置，为保证这次战斗的胜利，他逐个检查，反复叮嘱，要求遵守纪律，听从指挥，耐心等待。直到下午，国民党的运输车队才像老牛一样慢慢走来。当进入埋伏圈以后，贺锦斋大喊一声“打”，顿时，枪声齐鸣，杀声震天，手榴弹雨点般投向车队。毫无防备的国民党军，被这突如其来的袭击，打得晕头转向，押运护送的兵丁稍作抵抗后，便乖乖地当了俘虏，农军缴获了全部的物资。这次胜利，极大鼓舞了部队的斗志。

敌军被伏击后，湘军更加加紧了对工农革命军的“围剿”。随后，龙毓仁旅和向凤翔、姜文周的两个团又追至凉水口、苦竹坪一带。

为了避开国民党反动军队的围攻，保存工农革命军的实力，贺龙把队伍转移到湘鄂边界鹤峰山区红土坪一带与敌周旋，一边开展以伏击战和偷袭战为主的游击战争，一边在桑、鹤边界收集失散人马，准备再战。在长达 2 个多月的时间里，战士们缺衣少食，生活异常艰苦。贺锦斋对当时的处境有以下描述：

连连匪祸又兵灾，为救人民到此来。
大地作床天作幕，敢叫荒漠作楼台。
层层铁网逼周围，夜集深山内湿衣。
为党为民何惧死，宝刀要向贼头挥。
一山林壑锁寒烟，如笔卷峰直刺天。
到此方知湘鄂小，红旗应插泰山巅。

直到6月下旬，被贵州军阀派到桑植来“剿共”的龙毓仁旅，在2个多月的所谓“围剿”中，既没有“剿灭”工农革命军的主力，还经常遭到工农革命军的突然袭击，被弄得疲惫不堪。加之湖南军阀不买他的账，骂他们是“饭桶”，连一些扛大刀、梭镖的农民也对付不了，只晓得要钱要鸦片烟，想方设法把他们排挤出湖南。这样，贵州军阀不得不将第43军的龙毓仁旅撤回贵州。

贺龙得知龙毓仁旅准备撤出桑植的情报后，便决定好好“送他一程”，打个伏击战，割掉他的尾巴，以振工农革命军的军威。贺龙又把这次战斗任务交给了贺锦斋。

为确保万无一失，贺锦斋多次带领人员深入

实地侦察，选择最佳的伏击地点。他认为小埠头葫芦壳一带，是一个天然的伏击场。这里距桑植城20多公里，位于澧水上游西岸，山高400余米，地势险要，是龙毓仁旅离湘的必经之地。因山上有一片熔岩呈铁灰色，形状活像被劈开的巨大的半边葫芦，因而称为葫芦壳。山中的悬崖峭壁之中，一条长400余米的狭窄栈道横贯其间，只要战斗一打响，敌首尾将无法相顾。即便是向县城求援，也鞭长莫及，无法得到增援。

6月25日，贺锦斋带领400多名战士在天亮前赶来这里埋伏，他们耐心等待龙毓仁旅的到来。葫芦壳的对岸山上，贺锦斋安排了几个装扮成“老百姓”的战士在锄草，当国民党军刚进入视线时，他们便唱起了山歌：

吃茶要吃杯杯浓，栽花要栽月月红。
好姐只要恋一个，好花只要栽一蓬。
韭菜开花细草萍，有心恋郎不怕穷。
只要二人情义好，冷水泡茶慢慢浓。

龙毓仁旅的前锋部队，听着这优美的山歌，毫不介意地走过了葫芦壳的伏击圈。一会儿，大部队随后跟进了。这时，对面歌声又起：

莫讲山歌不值钱，山歌还是小姻缘。
姻缘就从山歌起，不唱山歌不团圆。
叫我唱歌就唱歌，叫我打鱼就下河。
唱歌不怕歌师傅，撑船不怕乱岩壳。

他们听到这些情歌，觉得很新鲜，一边懒洋洋地走着，一边叽叽喳喳地扯着闲话。待大部队过去约半个小时，对面山上又唱起了山歌：

什么怀胎怀得高？什么怀胎半中腰？
什么怀胎连枷打？什么怀胎棒棒敲？
高粱怀胎怀得高，苞谷怀胎半中腰。
黄豆怀胎连枷打，芝麻怀胎棒棒敲。

歌声一落，对面山上唱歌的“老百姓”也收工了。贺锦斋传令做好战斗准备。

上午 11 时，龙毓仁旅的后卫部队呈一字形不紧不慢地走着，不一会儿就进入了伏击圈。山上的信号树一倒，顿时，400 多支枪一齐打响，密集的子弹雨点般地向敌人扫去。敌人被这突如其来的袭击吓得乱作一团，人挤人，枪碰枪，根本无力还击，就一个个栽到悬崖下去了。有的滚到河里被浪涛卷走，有的挂在树杈上，其余的横七竖八倒在大路上仓促迎战。

“冲啊……杀……”贺锦斋带着队伍从山上猛虎般压了下来，战士们挥舞着大刀，直向敌群横扫过去，敌人人仰马翻，四散奔逃。没逃脱的只好跪地投降。不到一小时，敌后卫部队全部被解决。

贺锦斋命令迅速打扫战场，以防前面大部队反扑。清点战果：歼敌 150 名，缴获机枪 20 余挺、步枪 100 余支、子弹数千发，还有大量军需物资。

部队正要撤离时，联络员贺文玷见路旁一蓬芭茅轻轻晃动。他想：无风草不动，难道藏有敌人？贺文玷手持红缨大刀前去探究，果然一个顾头

不顾尾的敌兵在往芭茅里钻。贺文玷一个箭步跨到芭茅前抓住那哆嗦发抖的家伙，像老鹰抓小鸡似的将他拖了出来，送到贺锦斋面前。

贺锦斋一审问，那人便老老实实地交代自己就是龙毓仁的旅参谋长。只见他跪在地上，连连叩头：“请长官饶命，请长官饶命！”他求生心切，泪水汪汪，猖狂一时的旅参谋长威风扫地。

葫芦壳战斗是工农革命军成立后第一次以少胜多、以弱胜强，用智慧和胆略割敌“尾巴”的典型战例，第一次打败国民党正规军，不仅补充了军需，更打出了军威，部队士气大振。当晚，贺锦斋即兴赋诗道：

万弩千弓对寇仇，霎时大半交浮鸥。
一人怕死真堪笑，跌跪尘埃只磕头。
万众一心山可排，战场从此向东开。
眼前军备皆充实，尽是光头远送来。

红 4 军的建立

葫芦壳战斗的胜利，使工农革命军干部战士受到极大鼓舞。于是，贺龙与贺锦斋等人商量决定，乘势再回洪家关，继续召集人马，扩大队伍。

深受国民党反动派迫害的乡亲们见到自己的队伍又回来了，个个笑逐颜开，奔走相告。戴桂香终于又与丈夫团聚了。在相处的日子里，她觉得每分每秒都是那样的弥足珍贵，总有说不完的心里话，道不尽的恩爱情，一有时间，她就把丈夫改编的《马桑树儿搭灯台》唱给他听。她还组织和发动姐妹们做军鞋、送军粮，每天忙个不停。

为了更广泛地发动群众，宣传共产党的主张，安抚受苦百姓，工农革命军派出 10 个小分队前往洪家关各个村寨访贫问苦，体恤民情。许多失散人员闻讯后，又纷纷回到部队，有的乡亲把丈夫、儿子送来参加红军。工农革命军的队伍很快又发展到

1500余人。

贺龙回乡扩军的消息很快又传到桑植县保安团陈策勋、陈佑卿那里，他们伙同国民党驻防桑植的姜文周团，拼凑1000多人向洪家关扑来。陈策勋的保安团布置在洪家关右边的杜家山、花椒塔等地，姜文周的部队布置在洪家关左边的丁家坪、枫香坪一带，形成包围之势，妄想围歼驻扎在洪家关的工农革命军。

情况十分危急，贺锦斋一边组织和安排老百姓迅速转移和隐蔽，一边与贺龙研究对策。贺龙分析：姜文周的这个团虽驻防桑植，但他是外地人，长期以来就与陈策勋的保安团有矛盾，他这次被陈策勋鼓动过来，不会死心塌地为他卖命而向我们发起进攻的。贺龙让贺锦斋给姜团长写封信，以陈清利弊，揭穿陈策勋的阴谋。

贺锦斋觉得有道理，连忙说：“我现在就写。”他在信中说：陈策勋、陈佑卿等人过去是贺龙的部下，曾经同他叔父陈图南一起参与谋反，陈图南的阴谋败露后被处决，陈策勋、陈佑卿做贼心虚，悄悄逃离贺部回到桑植。现在他们是想借你姜团长之手来报杀叔之仇。你姜团长是外地人，何必为他卖命呢?

姜团长接到信后，想到平日受到陈策勋、陈佑卿等团防势力的排挤，果然在丁家坪、枫香坪一带按兵不动，想来个坐山观虎斗。

稳住了姜团长，贺龙决定带领部队向杜家山方向突围。因为陈策勋的保安团虽然人多，但战斗力不行，容易突破。

这天，贺龙集合队伍，进行了简单的动员后，先由贺锦斋带领一支小分队迅速冲上花椒塔山头，抢占制高点，用火力压制住花椒塔方向的敌人。接着，贺龙带领主力部队从敌方防守较弱的地段发起进攻，很快占领了李家池山头，冲破了敌方的防线，部队向樵子弯方向突围。

贺锦斋带着小分队在后面掩护，且打且走，黄昏时分摆脱了敌人的追击。在凉水口与贺龙的部队会合后，一同进入桑植沙塔坪。

待贺龙和贺锦斋把队伍收拢起来时，发现少了几百人，且整个队伍士气低落。贺龙看着好不容易刚组织起来的队伍，一仗下来又失散这么多人，心里很不是滋味。

就在这时，贺英大姐来到沙塔坪，还送来了物资和经费。她看到部队的现状和处境，建议把共产党员、共青团员组织起来。她说：“这是部队的‘骨架’，有了‘骨架’才能有凝聚力，才不会散。”大姐的一番话，说得贺龙和贺锦斋连连点头。

陈策勋的保安团和姜文周团，围堵工农革命军没有成功，不久就被国民党湘军调往凤凰整训去了，这给工农革命军减轻了许多军事上的压力，也为整编提供了机会。

7月3日，工农革命军进驻罗峪村。这里环境优美、地势开阔、易守难攻。贺龙一边安排贺锦斋加紧军事训练，一面组织干部研究部队整编问题。他在会上说：“工农革命军几次受挫，客观上是敌我力量悬殊，但主观上也存在几个至关重要的不足：一是党的领导力量和思想政治工作薄弱；二是部队没有铁的纪律，整体观念不强；三是军事素质差，战斗力不强。因此，部队需要进行彻底的改造。”

部队整编刚一开始，中共湘西特委派代表陈

协平来到罗峪村，传达省委的指示精神：撤销湘西北特委，并入湘西特委，成立中共湘西前敌委员会，负责部队中党的工作及所在地方党的工作。同时，将工农革命军改名为工农革命军第 4 军。这一消息，使部队上下很受振奋。

自从与周逸群分开后，工农革命军一直困难重重，部队党的工作缺少一位高级参谋，贺龙曾多次派人找组织联系，一直未果。现在陈协平来了，贺龙心里踏实了许多。他高兴地对陈协平说：“你来得正好，帮助我们整编部队，这一次要多花点时间，要把党这根红线，从上到下贯穿到底，使部队拧成一股绳。”在陈协平的组织下，成立了湘西前敌委员会，贺龙任书记，贺锦斋、黄鳌、陈协平、张一鸣、李良耀为委员。

1928 年 8 月 1 日，在纪念八一南昌起义一周年之际，工农革命军遵照中共湖南省委指示，正式改编为中国工农革命军第 4 军（称红 4 军），贺龙任军长，恽代英任党代表（未到职），黄鳌任参谋长，陈协平任秘书长。下辖 1 个师 2 个大队，贺锦斋任第 1 师师长，张一鸣任党代表，王炳南、贺文炎分任大队长，全军 1500 余人。

红 4 军的成立，使这支从南昌起义中走来，后又历经磨难的部队终于有了正式编制。中共湘西前敌委员会决定：一方面整顿改造部队，建立健全各级党组织；另一方面落实中共中央指示，开展土地革命，发动农民打土豪、分田地。

如何进行土地革命、建立红色政权和工农红军，对这支部队的领导人来说是一个新课题。除了中共中央和省委的那些原则指示之外，没有现成的方法可以借鉴。许多人对此缺乏认识，加之政策界限不清，执行中存在一些偏差。比如，打土豪时，不仅杀了土豪劣绅，还烧掉了他们的房子。而他们的房子是一条街、一大片，烧掉了怪可惜的。一天，贺锦斋走到樵子湾时，看到宣传队正在张贴“杀尽土豪劣绅”“烧掉大地主的房子”“分光地主家的东西”的标语，他认为这种提法有些过激，于是，将贴在墙上的宣传标语撕了下来。

师长公然撕毁宣传标语，这事立刻在部队里传开了。贺龙听到后，立即召开党委会，对贺锦斋的错误行为进行了批评。贺锦斋也认识到自己的错误，作了深刻的检讨。他痛悔地说：“军长，是我一时糊涂，请求组织给我处分。只要不开除党籍，叫我干什么都愿意。”

贺龙向来对事不对人，在会上，他提请前委给予贺锦斋严肃的党纪处理。前委决定：给予贺锦斋留党察看的处分，并撤销其前委委员的职权。通过这件事，不仅使贺锦斋受到很大的震动，也教育了部队。

就在这时，前委接到中共湖南省委和中共湘西特委的紧急命令，要求红 4 军到石门县配合石门、临澧、澧县、桃源地区的革命斗争，特别是支持石门南乡的暴动。

受到处分的贺锦斋没有因此而消沉，他认为这是党组织在帮助他，革命意志更加坚定，他决心以更加饱满的热情带领部队投入到这场战斗中。

05 将星陨落

吾将吾身交吾党

桑植县罗峪村距石门县不到 200 公里，但那里却敌军如云。加上部队整编还未完成，思想还很不统一，战斗力仍不是很强。对此，贺锦斋忧虑重重，夜不成眠，便作诗以抒发胸臆：

羽书日夜促行径，遥望南乡雾万层；
莫怪吾人甘坐视，只因虎狼正纵横。
兄弟协力歼顽敌，有角牯牛也敢攀；
碎骨焦头皆不顾，愿留浩气在人间。

他越发感到当下的形势日益严峻，部队离开

桑植后，国民党反动派一定会更加疯狂地报复，反动团防陈策勋曾几次带人袭击洪家关，叫嚣：“茅草要过火，岩头要过刀。贺家的人要砍尽杀绝，贺家的房子要烧光。”洪家关的老百姓及贺家人将处在更加危险之中。

贺锦斋与贺龙商量，在部队即将开赴石门之际，由他抽空回一趟家，安排家人和全村老百姓转移。

贺锦斋一回到洪家关，就马不停蹄地动员全村老百姓尽快转移和躲避，防止敌人来犯。他把村民的工作做完之后，才回到自己的家对父亲贺士奎说：“部队就要去石门了，我们这一走，敌人必定来报复，这里住不得了，得马上离开，这一回爹妈和大家又要吃苦了。”

贺锦斋刚讲完，父亲就接过话说道：“你放心去吧，不要担心我们，忠孝不能两全，自古皆然。”

“大家都是老弱妇孺的，我实在放心不下呀！好在有弟弟锦章和你们在一起，事事就要你多担当点了。”贺锦斋还是担心地嘱咐道。

戴桂香望着消瘦黝黑的丈夫，倒不担心自己，更多的是为他担心。她说道:“你不要为我们担心，带好兵，多打胜仗，我们等你早些回来！”

弟弟锦章问:“你要我们马上转移，是往哪里转移，什么时候走？”

“今晚就走，到莫家台去，那里要安全些。”贺锦斋坚定地说道。

莫家台是弟媳谭小妹的娘家，在距洪家关 20 多里的半山界上，沿途全是崎岖山路，晚上出发不会引起外人的注意。

父亲贺士奎和弟弟贺锦章连忙收拾了一些简单的行李和生活用品，等天一黑，就带着家族里的 10 余人沿着崎岖的山路出发了。贺锦斋送走了家人，又安排好了村民，就连夜赶回到部队。

8月20日，红4军除留下少数部队配合贺英、贺满姑等领导的游击队坚持桑植的斗争外，主力部队从罗峪村出发，前往石门南乡支援那里的武装斗争。

当部队来到石门西北乡磨市时，才得知石门县党组织建立的根据地，在敌人的围攻下已经失败了，石门县党组织遭到严重破坏。这些情况，湖南省委及湘西特委并不了解。红 4 军的到来，已陷入四面受敌的孤立之中。面对如此情况，贺龙一边派人向湖南省委报告，一边找到中共西北乡委员会负责人了解情况，研究对策，最后商定：以磨市为中心，于最短的时间内恢复和发展党组织，发动农民暴动，并在磨市一带建立苏维埃政权，进而联合邻近各区县的革命力量，以夺取石门。

活动刚一开始，就有居心不良的人散布谣言，诬蔑革命军是“逼着人家入党，并打以火印，不愿意的即以反革命论罪”，使一些本想参加工农革命军的群众敬而远之。针对这一情况，贺锦斋发布了《中国工农革命军第 4 军第 1 师司令部布告》，把工农革命军的宗旨和共产党的主张在民众中广泛宣传，驳斥敌人的谣言。为解除大家的顾虑，激励民众积极参与的热情，贺锦斋率领部队一举摧毁了无恶不作的王家场团防武装和税务机关，并在王家场北街一家杂粮行门口，组织召开了六七百人的群众大会。会上，贺锦斋当场处决了罪大恶极的 3 个地主豪绅和 5 个税警，烧毁了地主的契约，将没收的浮财分给了穷人，号召群众参加工农革命军、开展土地革命。

但由于西北乡党委领导人的畏缩，致使人民群众没有发动起来，红 4 军在磨市建立苏维埃政权的计划也没有实现。加之敌人得知红 4 军来石门的消息后，集中了 3 个师和几个县的团防武装一起向西北乡扑来，企图一举“包剿”红 4 军。

9 月 5 日，红 4 军被迫离开磨市，移师到革命基础较好的石门仙阳坪。当晚，贺龙召开有军参谋长黄鳌、师长贺锦斋以及石门县委书记曾庆轩等人参加的军事会议。会上决定，由石门县委尽快组织当地群众，配合红 4 军准备武装暴动。然而，由于叛徒的告密，暴动计划很快泄露。前期叛变投敌的中共石门县委原常委兼军事部长罗效之带着团防队，伙同国民党湘军追了过来。红 4 军又不得不连夜转移。

9 月 7 日，当部队行进至石门渫阳时，天色已晚，又是阴雨绵绵，遂下令宿营。为防止敌人突袭，贺锦斋率师部及大部队驻扎在新开寺，贺龙率军部及前委，带着手枪队驻到了相距不远的石门县委书记曾庆轩家。

半夜时分，突然枪响大作，湘军第14教导师李云杰部偷袭了红4军军部。贺龙猛然惊醒，侧耳一听，对左右说道："这枪声不一般，不是民团，是国民党正规军，快撤！"

由于敌人是有备而来的，加之天黑，红4军只是被动应战。敌人边打边疯狂叫喊："抓贺龙，抓住贺龙有赏……"叫喊声夹杂着枪声响彻寂静的山野。贺龙判断已身陷敌人的重围，于是，带着手枪队向西北方向冲去。他们七转八转，直到与率部前来接应的贺锦斋会合后，才冲出包围，前委其他同志在黑夜中被冲散。天亮后，贺龙收拢部队时，发现人马损失大半。参谋长黄鳌在突围中不幸牺牲，众人无不伤感。

9月8日，贺龙率余部退到澧县泥沙镇附近，在这里为牺牲的将士开了追悼会，鼓励部队化悲痛为力量，继续与敌坚持战斗到底。贺锦斋含泪写下悼念战友的诗句：

层层铁网逼周围，夜集深山湿战襟；
为党为民何惧死，宝刀要向贼头挥！

参谋长的牺牲，使贺锦斋悲痛万分。追悼会后，他独自来到一处山坡上，看到因战乱而荒芜的田地，看到百姓流离失所的悲惨生活景象，心情久久不能平静。投身革命10多年来，屡屡受挫，战友连连牺牲，尤其是得知留在桑植领导游击队的堂姐贺满姑被捕后被敌人残忍杀害的消息，心里更是悲痛不已。

贺满姑是贺龙的胞妹，比贺锦斋大3岁。18岁时就跟着大哥贺龙、大姐贺英一起在家乡发动群众，建立农民协会，组织地方武装，从事革命斗争，是湘鄂边最早的女军事干部之一。红4军主力撤离桑植后，贺满姑率领一支游击队在县城周围活动时，突遭恶霸地主武装的包围，她带领队伍奋战脱险后，转移到利福塔、桃子溪一带，不幸又被到处搜捕她的陈策勋团防抓捕。面对敌人的严刑拷打和审问，贺满姑始终坚贞不屈。当她被绑赴刑场时，敌人想阻止她沿途呼喊口号，不停地往她口里塞草和沙子。惨无人道的敌人在行刑时，把她的两手和两脚用刺刀钉在地上，一刀一刀把她割死……

想到这里，贺锦斋泪流满面。在今后的征程中，还不知有多少同志流血牺牲，其中也可能有自己。为了革命，他已抱定了必死的决心。忽然间，他想起父母双亲和妻子，不由地叹道：“自古忠孝不能两全。”于是回到屋里，拿起笔给弟弟贺锦章写了一封信，还附有两首诗：

吾弟手足：

我承党的殷切培养，常哥多年教育至今日。我决心向培养者、教育者贡献全部力量，虽赴汤蹈火而不辞，刀锯鼎镬而不惧。前途怎样，不能预知，总之死不足惜也。家中之事，我不能兼顾，堂上双亲，希吾弟好好孝养，以一身兼二子之职，使父母以安心增加寿考，则兄感谢多矣。当此虎豹当途，荆棘遍地，吾弟当随时注意，善加防范，苟一不慎，即遭祸难。切切，切切。言尽于此，余容后及。

兄绣

一九二八年九月七日于泥沙

云遮雾绕路漫漫，一别庭帏欲见难。
吾将吾身交吾党，难能菽水再承欢。

忠孝本来事两行，孝亲事望弟承当。
眼前大敌狰狞甚，誓为人民灭豺狼！

信写好后，他交给了警卫员李贵卿，要他帮忙寄走。

泥沙镇是石门连接湖北鹤峰的一个边陲小镇，位于石门北乡的大山丛中，镇南是黄虎港天险，镇北有壶瓶山。镇内有国民党团防30余人倚险盘踞在此。前委决定，由贺锦斋率短枪队化装成烟客，混入镇内将团防队歼灭。然后准备在此立足开展新的斗争。

当贺锦斋率领的短枪队来到泥沙镇街口时，被敌哨兵发觉。哨兵刚要叫喊，即被队员制服，短枪队火速冲入团防驻地，一举将其全部消灭，收缴了一批枪支弹药。随后红4军部队进入泥沙镇，张贴标语，宣传共产党的政策，号召群众起来革命。在当地地下党组织的配合下，揪出了镇上的两个大土豪恶霸唐达夫、陈尚卿，贺龙在镇中央召开群众大会，就地正法了唐、陈二人，开仓为群众分发粮食和财物。

是夜，石门县团防头子、叛徒罗效之又带着团防队和湘军陈嘉佑的两个营来偷袭刚进驻泥沙镇的红 4 军。贺龙发现敌情严重，不宜硬拼，即下令撤退。他说："锦斋，你速带大部队撤离，我率警卫营断后。"

贺锦斋说道："军长，不可，你肩担重任，堵截敌人的任务我来承担。"说罢，他命令大部队随贺龙向贺家台方向撤退，自己率领警卫营和手枪队，用火力把敌人向丝茅岭方向吸引。敌人弄不清红军到底有多少人马，督导兵卒拼命地向贺锦斋方向射击。枪炮声震得群山发抖，喊杀声推得斗转星移。

在贺锦斋主动吸引敌人之后，敌人以为贺龙已陷入重围，插翅难飞了，简直像发疯一样一边追赶，一边叫喊："贺龙就在前面，冲啊！""抓住贺龙者，官升三级，赏光洋五千块！"

在发疯的敌人面前，贺锦斋屹立如山，沉着

指挥，一次又一次地打退了敌人的疯狂进攻。他鼓励大家说：“同志们，为了军长和大部队的安全，我们就是只剩一个人，也要把敌人堵住！”他们一直坚持了4个多小时，为部队突围赢得了充裕的时间。

9日拂晓，贺锦斋预计贺龙及军部已经安全脱离了危险，便下令警卫营向丝茅岭方向撤退。东边刚刚泛白，周围雾气尚浓，贺锦斋没有察觉到侧面的茶树林中还躲藏着一股敌人。突然一排子弹飞来，击中了贺锦斋的头部，他顿时倒地，壮烈牺牲，年仅27岁。

警卫员李贵卿见状，冲上前去抱着贺锦斋大声哭喊道：“贺师长！”这一声哭喊竟被敌人知晓，敌群中有人狂叫道：“贺龙打死了！贺龙打死了！”这一嚷，一群敌人疯狂地扑了过来，抢夺贺锦斋的尸体。

警卫营和手枪队的战士们，怀着满腔怒火，将一颗颗仇恨的子弹凶猛地射向敌人。可是，贺锦斋师长再也听不到战友们的呼唤，永远地离开了他们……

67 年的守望

通往莫家台的路，是一条崎岖险峻的山路，沿途不是荆棘丛生的灌木林，就是悬崖峭壁。贺锦斋的父亲贺士奎和弟弟贺锦章带着戴桂香一行 10 多人，一步一步地摸黑前行。

刚走完一段险道，渐渐地进入半草半林地带，野兽凄厉的嚎叫声让人毛骨悚然。忽然，月色中闪现出几对青蓝而明亮的光团。“有豺狼！”有人惊叫，大家被这惊叫吓坏了。“别怕，只管走。”父亲贺士奎壮着胆子嘱咐道。于是，大家相互搀扶着加快了脚步。

天边逐渐露出鱼肚白，大家回首俯瞰山下，竟是万丈悬崖，如同刀切斧削一般。羊肠小道宛如丝带，蜿蜒于丛山之间。

戴桂香站在山峰往下一看，不由得吓出了一身冷汗，她说道：“如果要是在白天，像我们这一群老弱妇幼，要攀上这峭壁悬崖几乎是不可能的。”

到了莫家台，谭小妹的几家亲戚见大家逃难到此，都十分同情，纷纷表示：“有盐同咸，无盐同淡。”就这样，贺锦斋的十几口家属，在谭小妹娘家人的关照下，分开住了下来。

戴桂香聪明能干，十分勤劳，一到谭家就帮忙干这干那，深得大家的喜欢。一有时间她还教大家识字、唱歌。很快，那首饱含深情的《马桑树儿搭灯台》就在莫家台唱开了。

没住多久，风声又紧了起来，桑植团防陈策勋正在四处跟踪追捕贺家亲属，很快就要到莫家台来搜查了，大家听到消息十分着急。这时，亲戚中有位老人说：“对面山上白龙泉附近有个山洞，叫干洞，民国初期躲土匪时藏过人，以后没人去过，我带你们去哪儿暂时躲躲。”

贺士奎怕连累了莫家人，于是又带着大家，往深山老林中走去。行至一个半山腰沟边，老人指着下边说：“洞子就在下面，这是个天窗口，只有这一条下去的路。”大家看了后，觉得是个比较保险的地方。

一进洞内，栖息在岩缝中的蝙蝠盘旋着到处乱飞，吱吱乱叫。地上是白皑皑的一层盐硝，洞内倒也干燥，虽然光线较暗，但空气流通，不憋闷，10多米深的山洞也够他们这群逃难的人栖身的了。

贺士奎打趣地说："好自在！修仙还难找到这个岩石屋呢。"

于是，大家七手八脚赶走蝙蝠，将干树叶和杂草厚厚地铺在地上，那就是睡觉的床了。住进洞穴后，安全是没有问题了，但生活却遇到一个又一个的难题。首先是吃饭，只能靠谭家亲戚送苞谷和红薯来充饥。洞内没有水，只能下山去取。

日子就这样艰难地往前熬着。然而，比起居深山、蹲岩洞更难受的是他们与世隔绝般地得不到贺龙和红军的消息，收不到贺锦斋的书信，全家人只能在痛苦和彷徨中煎熬。等风声稍微一过，贺士奎便迫不及待地下山去打听。

贺锦斋牺牲后，敌人在长沙、南京等地的报纸上刊登消息："共匪首领贺锦斋被击毙于泥沙！""湘西一龙一虎，虎死泥沙，龙入浅滩。"这一噩耗，躲在深山岩洞里的贺锦斋家人一无所知。

1928年9月下旬的一天，贺锦斋的警卫员李贵卿费尽周折，终于打听到了贺师长的亲属躲藏的地方。贺师长9月7日交给他的信，他还没来得及送出，师长就不幸牺牲了，这让他悲痛不已。他请示贺龙军长后，决定尽快把师长的信和师长牺牲的噩耗告诉他的亲属。

李贵卿化装成山货郎，先是去了洪家关，后又找到莫家台，当听说他们躲藏在山洞时，便急匆匆地从山下向山洞走来。

正在焦虑和期盼中等待的一家人，终于见到李贵卿。大家喜出望外地围了拢来，都以为工农革命军又回到桑植了，争着向李贵卿问这问那。李贵卿脸色阴沉，目光呆滞地看着大家半天一言不发，眼泪在眼眶里直打转转。

戴桂香猛地一惊，似乎从贵卿的眼神中感觉到什么，连忙问：“贵卿，锦斋他……”

贵卿哭着说：“师长他……牺牲了！”

这真是晴天霹雳，一家人都惊呆了。“天哪，这到底是怎么回事啊！”贺士奎几乎颤抖着低吼道。

李贵卿小心翼翼他打开一个包袱，先是取出贺锦斋的家书交给了贺锦章，然后将贺锦斋的几件遗物交给了戴桂香。

贺锦章念着哥哥的遗书，全家人哭得更伤心了。

面容憔悴的贺士奎，捶胸顿足，悲痛地大声喊道：“春生儿啊，为父养你成人，实指望‘曾子养曾皙’，谁知今日竟是‘颜路哭颜渊’啊！”母亲也哭喊着：“我的春儿伢子呀……”二老老泪纵横，声震洞天，令人心碎。

戴桂香紧紧地抱着贺锦斋的遗物，早已哭得死去活来。怎能想到，她日思夜想的丈夫如今竟是阴阳相隔，永远再也见不到了。锦斋的音容犹在，桂香的耳边忽然响起了锦斋缠绵的话语：“你要是想我时，你就唱吧，唱到革命胜利了，我就回来陪你……”

全家人怀着无比的悲痛的心情和恐慌，在山洞里和莫家台住了大半年，直到第二年6月，听说贺龙带着部队回来了，打垮了团防陈策勋，又占领了桑植县城时，贺士奎和贺锦章才带着一家人又回到了洪家关。自此，戴桂香开始了独守空房的生活。

贺锦斋牺牲后，贺家老人把戴桂香视作亲生闺女一样对待，但他们实在不忍心看到还不到 25 岁的桂香总这样孤身一人守寡下去，二老多次劝说戴桂香:“桂香呀，你就是我们的亲闺女了，你还年轻，如有合适的对象，你还是嫁个人家吧。”不管父母如何劝说，戴桂香总是坚持回答:“爸妈，我生是贺家人，死是贺家鬼，锦斋是我终生不忘的丈夫，我一生一世也不离开他，我要替锦斋终生为你二老尽孝。”

戴桂香把贺锦斋埋在了离家不远的地方，为的是开门就能看得见。那是一座普通的坟茔，但在桂香的心里却是一处圣地。这样，她可以每天去贺锦斋的墓前坐一坐，说说话，告诉他身边发生的事情儿，唱一唱丈夫为她改编的《马桑树儿搭灯台》。每去一回，她就要摘几片马桑树和灯台树的叶子带回家放在枕边。在桂香的眼里，那不是普通的叶子，那是贺锦斋送给她的相思情。

就这样过了许多年，她总是守望着送别锦斋

出征时的那条山路，哼唱着锦斋教她的那首山歌，始终坚信锦斋还会回来的，同样也期盼着革命胜利的到来。

在桑植县，何止是戴桂香一人在守望着丈夫的归来？仅贺氏家族中就有 72 位守望女没有等到丈夫和儿子的归来，她们守望忠贞，守望信仰，直到守望至生命的最后一刻。

新中国成立后，戴桂香全身心投入到教育下一代的事业中，她走进学校、工厂、部队、敬老院讲革命故事，教唱《马桑树儿搭灯台》等传统的桑植民歌。贺锦斋的名字也上了国家烈士名录，贺锦斋的坟墓政府也重新进行了修缮。

1958 年，桑植县建立了光荣院，组织上请戴桂香去颐养天年，但她只是同意将自己的名字列入名册，人却还住在抬头就能望见贺锦斋坟墓的老屋里。

1995 年，孑然一身的戴桂香寂然离世。临终前她嘱托侄女贺晓英：“闺女，我死后，就把我埋在锦斋身边。他走上了红军路，一去不回来，我等他 67 年了，这生没等到，等我死后，就可以见到他了，就可以和他再也不分开了……”人们在她家里发现两只木箱子，打开一看，里面尽是满满的马桑树和灯台树的叶子。她只和贺锦斋生活不到4个月，却为他守寡67年！67载冬去春来，67个春暖花开，67年的执着守望，守望的是一种信仰、一句诺言，守望的是祖国蒸蒸日上、沧桑巨变。

戴桂香虽没有等到丈夫归来，却看到了丈夫投身革命时追求的理想终于实现：“吾将吾身交吾党，誓为人民灭豺狼。”她觉得自己是幸福的，因为她代替丈夫看到了他梦寐以求、为之献身的新中国，看到了老百姓都过上了好日子！

06 尾声

血雨腥风的年代，不只是贺锦斋一人献出了年轻的生命，作为革命家庭，贺龙一家为中国革命作出了巨大牺牲：贺龙的父亲贺士道遭当地土匪袭击壮烈牺牲；15 岁的弟弟贺文掌被敌人用蒸笼活活蒸死；小妹贺满姑被反动派抓去凌迟处死；大姐贺英、二妹贺戊妹在掩护部队撤退时英勇牺牲，残暴的敌人割下两姐妹的头颅，挂在桑植城门示众。贺氏宗亲为革命英勇献身的烈士多达 2050 人，贺氏本家就有 109 人。

青山埋忠骨，后辈祭英灵。为了纪念贺锦斋烈士，1963 年 12 月，中共桑植县委重修建了贺锦斋烈士墓。墓碑上面刻有“永垂不朽”4 个字，两旁刻有一副赞扬贺锦斋烈士功绩的挽联：

澧水歌霞光早已照大地

浪淘沙革命巨浪比天高

烈士墓建成以后，贺锦斋烈士的生前战友、亲属，以及他家乡的人民经常来这里瞻仰，以寄托对烈士的哀思。他的弟弟贺锦章还特地写了一首诗纪念他：

只知有党不知他，
博得荣誉后代夸。
为着革命拼战死，
一腔热血洒泥沙。

1990 年 8 月，常德市石门县人民政府在贺锦斋牺牲地（今石门县壶瓶山镇枫香坡）立有革命烈士贺锦斋纪念碑。碑上刻有一副对联：

好男儿生当作人杰随乾坤沉浮自有铁肩担道义

大丈夫死亦为鬼雄图中华崛起何惜碧血写春秋

贺锦斋一手拿笔一手拿枪跟敌人战斗，以“上马战斗下马诗”的行动实践了他“吾将吾身交吾党”“誓为人民灭豺狼”的钢铁誓言，他的革命气节气盖山河，他的革命精神永垂不朽！

后　记

由于工作的原因，我有幸与贺龙元帅之女、原军事科学院军事百科部贺捷生部长有经常的接触和往来，常听贺部长讲党史军史、讲中国革命传统史和贺氏家族史，革命先辈们为了民族独立、人民解放，不惜抛头颅、洒热血，矢志追求的忘我精神、无私奉献的奋斗牺牲精神，常使我感怀难忘，尤其是桑植县以戴桂香为代表的72位守望女的忠诚、忠贞和坚韧，无不让人动容。在单位组织的一次“不忘初心、牢记使命”的演讲中，我第一次把贺龙的堂弟贺锦斋的英雄事迹，以及妻子戴桂香67年执着守望的感人故事，以《马桑树儿搭灯台》为题讲出后，感动了无数听众和观众。之后，我一直想把贺锦斋的故事写一写。“中华先烈人物故事汇”给予了我这个机会。我主动请缨，带着无限的深情和崇敬，查阅资料、阅读文献，采访相关前辈，历经一年多的时间，完成了这本书。由于篇幅所限，只选取了贺锦斋烈士一生中最精彩的片段，力求以这些生动的故事，传递英雄烈士伟大的革命精神。

在编写过程中，得到军事科学院军队政治工作研究院领导和机关的大力支持；赵一平、康月田、张明金、李平、李博、陈政举等多位专家学者进行了审读，提出了宝贵的意见；还报请贺捷生部长进行了审阅。

参考的主要书籍和文献有：《解放军烈士传》（总政组织部编/解放军出版社）、《中共党史人物传》第4卷（中共党史人物研究会编/陕西人民出版社）、《贺龙年谱》（李烈主编/人民出版社）、《贺龙传奇》（刘秉荣著/中国社会出版社）、《贺锦斋》（张海峰、张和旺编著/湖南人民出版社）。

在此，谨向关心和帮助本书编写工作的各位领导、专家学者，以及上述书目作者、编辑致以最诚挚的谢意！

图书在版编目（CIP）数据

贺锦斋 / 军事科学院解放军党史军史研究中心编. -- 北京：学习出版社，2022.11
（中华先烈人物故事汇）
ISBN 978-7-5147-1124-0

Ⅰ.①贺… Ⅱ.①军… Ⅲ.①贺锦斋（1901-1928）—生平事迹 Ⅳ.①K825.2

中国版本图书馆CIP数据核字（2022）第009346号

贺锦斋

HE JINZHAI

军事科学院解放军党史军史研究中心

责任编辑：徐　阳　　　封面绘画：刘书移
技术编辑：贾　茹　　　内文插图：韩新维
美术编辑：杨　洪

出版发行：学习出版社
北京市东城区崇外大街11号新成文化大厦B座11层（100062）
010-66063020　010-66061634　010-66061646
网　　址：http://www.xuexiph.cn
经　　销：新华书店
印　　刷：北京市密东印刷有限公司

开　　本：787毫米×1092毫米　1/32
印　　张：5.75
字　　数：81千字
版次印次：2022年11月第1版　2022年11月第1次印刷

书　　号：ISBN 978-7-5147-1124-0
定　　价：22.00元